「女性活躍」に翻弄される人びと

奥田祥子

光文社新書

はじめに

「産め、働け、管理職に就いて活躍しろ、って無茶ぶりされて、たまったもんじゃない！」
「家庭に入ってこんなに頑張っているのに、誰からも評価されないなんて……」

「女性活躍推進法」が施行され、管理職登用など働く場面での「活躍」が声高に叫ばれる一方、女性たちへの取材を続けるなかで、自分たちの働き方、生き方にひとつの規範を押しつけようとする世の潮流に、働く女性も、家事や育児に専念する女性も、様々な人生を歩む女性の多くが懊悩《おうのう》し、憤っている姿を目の当たりにしてきた。女性のライフスタイルの多様性を受け入れず、一方的に「こうあるべき」と迫るのは、規範に沿えない人々への社会的な排除に等しいのではないか。そう激しく心揺さぶられたことが、本書を著すきっかけとなった。

本書は、一人ひとりの女性について、最長で15年にわたって継続的に取材を重ね、彼女たちの人生や心の変容を定点観測したルポだ。バブル世代から団塊ジュニア世代を中心に多数の女性たちを長期間、幾度となくインタビューを続け、取材データを分析してテーマごとに類型化したうえで代表的な事例をそれぞれ紹介している。時の流れとともに取材対象者は結婚や出産、親の介護など重要なライフイベントを迎え、仕事でも育児との両立や辞職、転職などを経験し、仕事や家庭に抱く意識や価値観も変わっていく。女性の管理職登用をはじめ、多様な働き方や非正規の処遇改善、保育・介護サービスの拡充などは日々論じられているテーマではあるが、当事者となっている女性たちの人生をじっくりと時間をかけて追うという手法によって、働きづらさ、生きづらさの本質をなおいっそう克明に解き明かすことができたのではないかと考えている。

また、長期取材の過程では、私自身が突然の所属部署のリストラや、唯一の家族である母親の介護、長年勤めた新聞社の辞職、中年期の再就職活動など、取材の主題でもある出来事を次々と経験した。このことで女性たちの苦しみにより近づき、共感し、取材者としての使命感もより強くなっていったように思う。

20年近くにわたり、男女の生きづらさをテーマに、彼ら彼女たちの苦悩に寄り添い、社会の矛盾を糾弾《きゅうだん》したいという思いから、壮年・中年期を中心に若年者から高齢者まで全国の400人を超える方々にインタビューを行ってきた。そのうち300人近くが1回の取材で終わることのない継続的な取材だ。

中でも男性をめぐる問題に焦点を合わせた『男性漂流　男たちは何におびえているか』（講談社）、『男と言う名の絶望　病としての夫・父・息子』（幻冬舎）など、男性の仕事と、育児、介護、夫婦・親子関係など家庭の問題、心身の不調などを取り扱った書籍には、想像をはるかに超える反響をいただいた。ただ、女性については長年取材を続けながらも、書籍化はずっと見送ってきた。封印してきた理由は、抽象的な表現にはなるが、自信と勇気がなかったからだ。女性は、取材の初回から比較的、饒舌《じょうぜつ》に自身の悩みや怒りなどを明かしてくれる傾向が強い。なかなか自分から語ろうとはしない男性と比べると、取材は一見、楽のようでもある。だが、実際には、彼女たちの言葉や表情、身振りには脚色や演技などが加わっている場合もあり、真実に迫るには、可視化不能な心理面により肉薄していかなければならないという難しさがある。

取材では、仕事と家庭の両立に思い煩う女性から「結婚も子育てもしていない奥田さんには、（私の苦しみは）わからない」、非正規職に就く女性からは「正社員の仕事に就いていて、（自分の苦境や気持ちを）理解できるはずがない」などと幾度となく怒りを買った。男性への取材でも類似した非難の言葉を受けることはたびたびあるのだが、なぜか同性の女性からだとひどく胸が痛む。そんな無様《ぶざま》な姿勢では、彼女たちの煩悶《はんもん》に寄り添う資格は自分にはないのではないか。何度、意気消沈を繰り返したことか。

女性への取材は困難を極めた。それでもなお、女性たちの移ろいゆく仕事、家庭への思いや心の葛藤が必ずや一条の光に通じると信じ、彼女たちを追い続けることができたのは、どんなにもがき苦しみながらも、女性のプライドを懸け、自分なりのやりがいや価値を求め、社会からのプレッシャーや負のラベリングと必死に格闘する姿をまざまざと見せつけられたから。一方で、継続取材の途中で連絡が途絶えながらも彼女たちがインタビューに応じてくれたのは、私を媒介役として、社会に、企業など組織に、そして公的・私的領域のいろんな場面で関わる他者に、自分たちの心痛と怒りを訴えたいという切なる思いがあったからで、その熱い思いが私を突き動かしたのだ。

本書は5章で構成され、第1章「管理職になりたがらない女たち」で管理職昇進を拒む女性の本音と実像を紹介し、第2章「非正規でも前向きな女たち」では非正規で働く未婚女性やシングルマザーの実相に迫った。第3章「〝敗北感〟に苛《さいな》まれる女たち」は専業主婦にスポットライトを当て、生き方のトレンドに翻弄《ほんろう》されてきた女性を追い、第4章「男たちを襲うプレッシャー」では「女性活躍」の推進を引き金に、職場や家庭で苦悶《くもん》する男性の姿を描いている。そして、第5章「真に女性が輝く社会とは」では問題点を整理したうえで、社会心理学やジェンダー論、労働・福祉政策の視座を交えながら、女性が働きやすく、生きやすい新たな労働形態、福祉制度のあり方を考察するとともに、一人ひとりが希望の光を見出《みいだ》し、真に女性が輝ける社会の実現に向け、当事者はもとより、他者や企業など組織、社会全体として成すべき対策を提案している。

本書に登場するのは、どこにでもいる市井《しせい》の人々だ。あなたの部下・同僚であり、妻であり、そしてあなた自身であるかもしれない。女性たちの苦しみが少しでも和らぐ方法を、ともに考えていただければ幸いである。

※本文中の仮名での事例紹介部分については、プライバシー保護のため、一部、表現に配慮しました。

「女性活躍」に翻弄される人びと——目次

第5章　真に女性が輝く社会とは　231

第1章 管理職になりたがらない女たち

1 「産め」「働け」「活躍」の三重圧力

〝活躍する気のない〟意外な本音

「女性活躍」の推進という旬のテーマに今、世の管理職男性たちが頭を悩ませている。

2016年4月、大企業などに女性管理職の数値目標などを盛り込んだ行動計画の策定・公表を義務づけた「女性活躍推進法（女性の職業生活における活躍の推進に関する法律）」が施行された。政府は、社会のあらゆる分野において指導的地位に女性が占める割合を2020年までに「少なくとも30％程度」に増やす目標を掲げているが、現状では課長相当職以上の女性管理職比率は11・5％（厚生労働省の2017年度「雇用均等基本調査」。係長相当職以上は12・8％）にとどまり、女性登用は思うように進んでいない。

国が女性の働く場面での「活躍」を後押しすることは、長い間、男性優位の企業社会で辛酸《しんさん》をなめてきた女性たちにとって絶好の機会のように見える。しかしながら、現に、管理職昇進への打診を断る女性が続出しているのである。経営陣から女性登用の数値目標の達成を命じられた男性幹部社員にとって、せっかくのチャンスを無にする〝活躍する気のない〟女性たちの存在は、自身の立場を揺るがし兼ねない危険因子ともなっているというわけだ。

子育てしながら仕事を頑張り過ぎない「〝そこそこの働き方〟でいい」と、自分から進んで昇進とは縁遠いキャリアコース〝マミートラック〟に乗る女性もいれば、30歳代後半で課長に抜擢《ばってき》されたが、男性管理職が担ったある重大な任務を目の当たりにして部長職昇進を固辞し、「自分らしく」働き、人の役に立つという仕事の意義にたどり着いた未婚女性、社内でごくわずかの女性管理職の上司とのトラブルが原因で辞職してから「管理職に就くのは怖い」と感じるようになり、その後再就職したものの、あるライフイベントを機に仕事観が大きく変化した女性もいる。

そうして取材を重ねていくなかで、彼女たちの意外な本音や知られざる実態が浮き彫りになってきたのである。正社員で昇進の機会を与えられるという、働く女性の中では恵まれた少数派であるにもかかわらず、なぜ彼女たちは自ら「活躍」を拒絶するのか——。

「女性活躍」がうっとおしい

２０１７年、週末の昼下がりに東京都心のオープン・カフェで向き合う佐藤真紀《さとうまき》さん（仮名、37歳）の表情は、これまで10年という長い交流の中で最も自然で、穏やかに見えた。肩先から肘《ひじ》にかけて円錐《えんすい》形状に広がった白のブラウスに、淡い紫のフレアスカート姿で、全身の雰囲気もやわらか。流行《はや》りのデザインを敏感に取り入れるなど、ファッションにも心の余裕が表れているようでもあった。

「仕事も家庭もそれなりにいろいろあって、自分自身の中でも考えが揺れ動いたりもしましたけれど、結局は気負わず、自分ができることを70、80％ぐらいの力で余力を残して、〝そこそこの働き方〟ができればいいのかなあ、とようやく思えるようになったんです」

佐藤さんは久しぶりの再会で簡単な挨拶《あいさつ》を交わしてから、そう一気に今の心情を打ち明けると、ひと口も口を付けていなかったアイスティーをごくごくと半分近く飲んだ。そして、今度はしばし沈黙してから、ゆったりとした口調でこう漏《も》らし始めた。

「それから……『女性活躍』の推進っていうのが、本当にうっとおしかった。周りの目を気にしなくていいんだと思えるようになったのが……今、こうして少しは楽に生きられるようになった一番の理由かなあ、と感じているんです」

女性はトレンドに左右される

佐藤さんとは、国が企業の女性登用をここまで積極的に後押しするとは予想できなかった

２００７年、ある比較的大規模な異業種交流会で出会った。東京の有名私立大学を卒業後、企業から広報戦略の立案や宣伝活動を請け負う中小のＰＲ会社に勤め、半年ほど前に結婚したばかりの当時27歳の彼女は、知り合い同士数人で小さく固まっていた私の所まで、人の群れをかき分けて話しかけに来てくれた。

「奥田さんは男性の生きづらさについての本は出版されていますが、どうして、女性が抱える悩みや問題は、本に書かれないのですか？」

そう、気迫のこもった表情で質問してきたことを今でも鮮明に覚えている。胸の奥深くにグサッと突き刺さる言葉だった。当然のことながら、男性だけでなく、女性についても長年取材を続けて書き留めてきたが、彼女の言う通り、ほんの一部雑誌に寄稿したのを除き、書籍というまとまったかたちで出版したことは一度もなかった。それだけ佐藤さんが女性の生きづらさへの関心が高く、もしかすると自分自身も深刻な悩みを抱えているのかもしれないと思って尋ねてみると、意外な答えが返ってきた。

「私なんて、大学受験も就職も厳しかったから、欲張らず、目標よりも低いところで妥協するのに慣れてしまって……。実際に結婚まで、そうでしたから。だから、悩みなんて全然ないですよ。うふっ、ふふふ……」

「じゃあ、周りに仕事や結婚、子育てとの両立などで悩んでいる女性はいたりしますか？」
「そりゃ、いっぱいいると思います。だって、女性は生き方の選択肢があるとはいっても、結局はその時代、時代にふさわしいとされるライフスタイルが推奨されるわけでしょ？ 少し前は30歳代以上独身、子なしの『負け犬』が敬遠されていたけど、今は働く『アラフォー（40歳前後）』独身女性が悲観的でなく、ユーモアも込めて前向きに語られて、流行語になる時代ですよ。なんで女性の生き方がトレンドに左右されなきゃいけないのか、って腹が立ったりもします」

　現代社会で女性が置かれた状況や、時代ごとに移りゆく理想とされる生き方に翻弄される様《さま》など、佐藤さんが話した女性の生きづらさの本質は的《まと》を射ていた。実は、それが佐藤さん自身の抱える悩みでもあったということを知るのは、後になってからのことだ。最初の出会い以降、半年に1回程度の頻度で話を聞きたいと申し込んだのだが、「仕事が忙しくて」などと断られ続けてしまう。

　そうして、4年の月日が流れた２０１１年、突如として佐藤さんから〈会ってお話ししませんか？〉とメールで連絡が入った。メールには第1子となる女児を出産し、〈現在は仕事と育児の両立で奮闘している〉とだけ記されていた。

夫との歯車のズレ

週末、神奈川県内の自宅マンションにほど近いショッピングセンター内の喫茶店に、ベビーカーに乗せた、もうすぐ2歳の誕生日を迎えるという愛娘《まなむすめ》とともに現れた佐藤さんは、トレーナーにジーンズ姿。以前よりも痩せ細り、特に頬がこけるなど心労の跡がうかがえた。

子育ての状況などについて短く聞いた後、私が本題に入ろうとする直前、佐藤さんが口火を切った。

「実は……今、夫とは別居中、なんです。欲張らず、現状を受け止めて、自分なりに努力してきたつもりなのに……どうして、こうなってしまったのか……。自分でも、よく、わからな、い、ん、です」

彼女は込み上げてくる負の感情を抑え切れず、言葉に詰まる。ハンカチで目頭を押さえながら低く落とした視線の先には、すやすやと眠りにつくわが子がいた。

「それは、大変でしたね。無理しなくていいですから……。少し休みませんか？」

「いいえ、せっかく奥田さんに来てもらったんですから、私、話します」

彼女が続けた説明の概略は、こうだ。

最初に異業種交流会で出会った時から1年余り後、28歳の時、彼女はヘッドハンティングされ、ＰＲ会社から大手メーカーに転職した。ＰＲ会社での広報・宣伝業務の実績を買われ、念願の広報部門での総合職採用だった。仕事にそれまでにはなかったやりがいが芽生え、職務に力を注いでいた矢先、予定外の妊娠がわかる。迷うことなく出産を決めたが、その頃から夫が勤務する会社が他社に吸収合併され、給与などの待遇が悪化したうえに長時間労働を強いられ、夫との間で仕事や育児を巡り、歯車が少しずつ狂い始めたのだという。

「私が転職せず、夫の会社も吸収合併されなければ、たぶん妊娠がわかった時点で仕事を辞めていたと思います。子育てに専念して、夫に出世して仕事で頑張ってもらうのが、もともと夢でしたから。夫も『家庭を守ってほしい』と、賛成してくれていました。でも、それほど期待していなかった仕事なのに、転職をきっかけにやりがいが生まれて……それに、夫の収入も減ったので子どもの教育費なんかを考えると今辞められないとなって、１年弱の育休を取った後、職場に復帰したんです。『俺の稼ぎだけじゃ不安だって言うのか！』と感情的になる夫と言い争いを繰り返した末に、私が娘を連れて実家に戻ることになってしまいました」

いつもは明るい佐藤さんが意気消沈している姿を目の当たりにし、何と声をかけていいのか、考えあぐねていた、その時、だった。

「奥田さん、名前は出してもらっては困りますが、いつか必ず、記事にしてくださいね。私、きっと夫との関係を修復して、仕事とも折り合いをつけてうまく向き合えるように頑張りますから」

頬をこころなしか紅潮させ、佐藤さんは真剣な表情でそう語った。

非常にありがたかった。いくら本人が言ったからといって、本来は精神的に弱っている人にかけてはいけない言葉だったのかもしれない。だが、私はありったけの力を振り絞り、「頑張ってください。待っています」と、彼女にエールを送った。

「期待」がプレッシャー

その後もメールを中心に定期的に交流を続けていたが、取材のための面会が実現したのは、佐藤さんと再会してから３年を経た２０１４年だった。それまでのメールなどからは、夫とは半年の別居の後に同居が再開したことや、夫の待遇は吸収合併前の水準にはまだ戻っていないものの、働きぶりが評価され、徐々に給与も改善していることなどがわかった。ただ、夫婦関係や子育てについて前向きな話の後には毎回必ずといっていいほど、自身の仕事に関する悩みが打ち明けられ、それが少しずつ深刻化していく様子だったのが気がかりだった。

最初の出会いから7年が過ぎ、佐藤さんは34歳になっていた。子どもは１人で、５歳の長女は保育園に通っているという。職場から帰宅する途中の経由地の繁華街にあるコーヒーショップ。黒のスーツに、襟元に上品なスカーフをまとった佐藤さんの表情は柔和で、彼女なりに精一杯歩んできた人生の年輪が凛々《りり》しい立ち居振る舞いにもにじみ出ているように感じられた。

「ご主人とはかなり前に関係が元に戻ったようで、本当に良かったですね」

まずは前向きな変化について、経緯を尋ねてみる。

「ありがとうございます。一時期、うまくいかなくなったのは、互いに自分のことを相手にわかってもらいたい、という思いばかりが先に立って、肝心の相手の気持ちを理解し、思いやる努力が足りなかったのだと、反省し合いました。そうできたのも、夫のほうから『もっと話そう』とアクションを起こしてくれたお陰です。2人とも誤解もあったし、十分に話し合って、私は当面は仕事と家庭を両立して、夫も今の会社でさらに認めてもらえるように頑張る、ということになったんです」

「仕事を続けていることについては、ご主人は何かおっしゃっていますか?」

「幸い、夫の収入も以前の水準に戻りつつあるので、仕事がしんどければ経済的には無理して続ける必要はないんだよ、って夫は言ってくれているんです。夫の収入だけでは家計を賄《まかな》っていくのが厳しいこのご時世に、専業主婦になっても何とか生活できるんですから、これはとてもありがたいことですよね。ただ……仕事については……」

比較的流暢《りゅうちょう》に夫との関係修復について説明していた佐藤さんがいきなり、言葉を失う。

「メールでは仕事で悩んでいる、ということだったので、気になっていたのですが……」

「ええ、その通りで、悩んでいることは確か、なんです。ただ、何なんでしょうか……自分でもよくわからないんですが、どこか仕事にこだわりがあるんですかね。そのこだわりが何なのか、まだ答えられないんです。だから……奥田さんと会うのもどんどん先延ばしになってしまって……。まだ仕事との向き合い方に自分なりの結論が出ているわけではないし、曖《あい》昧《まい》な言葉でしか言えないのですが……それでも、聞いてもらいたくて……」

逡巡《しゅんじゅん》しながらも、私と会い、何かを打ち明けようという気持ちになってくれたことは、大きな前進だ。この会話を何としても、ここで終わらせるわけにはいかなかった。

「もちろん、はっきりしていなくてもいいのですよ。どこか仕事でひっかかっていること、曖昧な表現でもいいので、少しでも話すことはできますか？」

「……うーん……き、た、い……。そう、会社からの、どこか尋常ではない、過剰ともいえる、期待が、プレッシャーになって……。ありがたいことなんだからそれに応えなければいけないというのと、逆に嫌でおっくう、という相反する感情が混在していて、なんか苦しくて、追い詰められてしまって……」

佐藤さんはPR会社を経て広報の仕事をしているだけあって、言葉遣いが洗練されている。それだけに、不明瞭な表現をすることにためらいがあったのかもしれない。ただ、質問を重ねていくと、彼女自身も今抱えている仕事の悩みがある程度整理できたようで、少しずつ言葉を継ぎながら、説明してくれた。

佐藤さんによると、彼女の会社では、当時、女性の課長職、部次長職など管理職を少しずつ増やそうという動きが始まり、自身が所属する広報部門でも初の女性部次長が誕生したばかりという。そのような雰囲気の中、特に子育て中の佐藤さんに対し、上司から「君のように、子育てをしながら仕事を続けている女性社員がもっと増えてほしいと思っている」「君には、仕事と育児を立派に両立している女性社員の模範になってほしい」などと言われ、「過度な期待」と感じるようになったのだという。

無茶な三重役割、「冗談じゃない！」

佐藤さんが抱えていた職場での苦しみはその後、会社側が彼女への「期待」をさらにエスカレートさせたことで、逆にそこから自分が遠ざかる方法を選ぶことによって徐々に和らいでいったようだった。

２０１６年に女性活躍推進法が施行され、従業員３０１人以上の大企業などは行動計画を公表することが義務づけられた（３００人以下は努力義務）。佐藤さんの会社でも社全体の女性管理職の数値目標を設定したうえで、各部署から管理職候補者がピックアップされ、彼女は課長候補の筆頭として、部長から昇進を打診されることになる。

佐藤さんが出した答えは、「ノー」だった。

そうして、２０１７年の取材での、本章冒頭の「〝そこそこの働き方〟ができればいい」と語る彼女へとつながるのだ。

だが、そこに至るまでには、彼女なりに相当の葛藤《かっとう》があったようだ。

「具体的にどういうところが嫌で、課長昇進を断ったのですか？」本人の言葉で確認したくて、改めて聞いてみる。

「やっぱり、子育てなど家庭のことをしっかりとこなしたうえで、仕事でも管理職になって活躍しろ、っていう社会や会社からの『圧力』のようなものが嫌で嫌でしょうがなかったですね。当初は会社が対外的に女性も頑張っていることをＰＲする狙いがあった程度でしたから、『期待』を知らない振りをしようと思えばできたかもしれないけれど、今は国を挙げて、企業に数値目標まで出させて、でしょ。これといって責任の重い仕事を任された経験もないし、仕事も家庭もバリバリ頑張っている、社内でごくわずかの女性たちの、眉のつり上がった悲壮な表情を見てしまうと到底無理、と思いましたし……。そもそも、『産め』『働け』『活躍しろ』って、無茶な三重の役割を押しつけられて冗談じゃない！　とても腹が立ちました」

佐藤さんは誰にともなく怒りをぶつけた。

〝マミートラック〟に自ら乗って

せっかく自然な笑顔を取り戻した彼女を少し興奮させてしまったことにやるせない思いを抱きながらも、どうしても聞いておかねばならないことがあった。火に油を注ぐようではあったが、意を決してこう尋ねた。

「でも……せっかくの管理職昇進のチャンスだったのに、少しももったいない、という気持ちはなかったですか？」

瞬く間に彼女の表情が曇る。そして、こう思いの丈《たけ》をぶつけた。

「奥田さんは、結婚も子育てもしていないから、わからないんですよ！　男の人と同じ長時間の過酷な働き方をしながら、さらに管理職になって面倒な仕事が増えて、家庭、特に育児と両立するなんて、できっこないんです。娘が小学校に上がった今も残業せず早めに仕事を切り上げて帰宅するから、同じ部署の男性たちや独身女性からは冷たい視線を浴びて……悔しいけれど、しょうがないんです。自分から進んで〝マミートラック〟に乗ったのだって……どこかで折り合いをつけないと」

車が行き交う都心のオープン・カフェでなかったら、周りの客が振り向いたに違いない。それほど大きな声だった。

では、仕事を辞める選択肢をなぜ選ばなかったのか。昂《たか》ぶった気持ちが鎮まるのを見計らってから、恐る恐る質問してみると、思いがけず淡々と答えてくれた。ただ、表情が硬く、ぎこちない。

「やっぱり、娘の教育費とかのことを考えると、夫の収入だけでは将来的に不安です。それにもう1人、子どもを……長女の出産からは時間が空いてしまいましたが、30歳代のうちにできれば男の子を欲しいと思っているので。2人も育てられるのか、って正直、自信があるとは言い切れないですけれど、姑《しゅうとめ》の目もあって……。長男の嫁なので、男の子を産まないといけないって、とても気を遣っているんです」

確かに女性が家計や姑との関係で抱える問題としてはもっともではあるが、これまで比較的ありのままに、曖昧な点も含めて自らの心情を打ち明けてくれていた彼女にしては、型通りの答えのようにも思えた。さらに切り込んだ質問をしてみる。

「じゃあ、以前言っていた、仕事へのやりがいがあって、会社勤めを続けているという点はどうですか?」

「う、ふふっ」彼女は笑った。それも何かをあざ笑うかのように。

「そんな、やりがい、なんてもうとっくに、捨てていますよ。今の会社は一応大手で、前の会社での実績を評価されての採用だったから、転職できた時はうれしかったですよ。でも、実際に仕事の充実感を味わえたのは、育休に入るまでのたった1年ぐらいの間だったんじゃないかな。仕事のやりがい自体、何なのか、今ではもうわからなくなってしまいました」

嘘《うそ》ではないだろう。だが、すべて本心とは思えなかった。佐藤さんは何か、を隠している。そう直感した。

仕事と家庭の両立は「保険」

インタビュアーが次の質問の言葉を失うと、その時点をもって取材は幕を閉じる。まさにそんな緊迫した状況だった。わずか数秒の沈黙の間に、彼女とのこれまでの10年にわたる長い付き合いを振り返る。ふと、出会った当初の彼女の意味深な言葉が脳裏によみがえった。

「女性の生き方はトレンドに左右される」――。

一《いち》か八《ばち》か、最後の質問のつもりで尋ねてみた。

「すみません。どうも私には、佐藤さんがいろいろと大変でも仕事を辞めずに、子育てと両立して頑張っていらっしゃる理由が、他にもあるように思えてならないんですが……」

「……………」

「私の気のせいでしょうか……。そういえば、最初に会った時、佐藤さ（ん）」

言葉尻を遮り、佐藤さんは「ふーっ」と声になるかならないぐらいの長いため息をついた。そうして、いつしか日が暮れ始めている天を仰いだかと思うと、深呼吸をした後、こう話し始めた。

「ほ、け、ん……強いて言うなら、保険をかけている、ということなんじゃないか、と思います。いったん仕事を辞めると再就職は難しいですし……。だって、また時代が変われば、女性の生き方の流行りが変わるかもしれないでしょ。今は確かに、産んで育てていて、かつ男並みにバリバリ仕事をこなして管理職、が一流だけど……例えばいつか、肩の力を抜いて頑張らない働き方が主流になるかもしれない。残業一切なしの管理職なんてものまで許されるようになったら、引き受けてみてもいいかなあ、なんて……。あっ、ちょっとふざけ過ぎたかも。ふ、ふっ」

少しもふざけてはいない。これが佐藤さんの本音なのだと思った。「時代が変わる」のは10年先かもしれないし、明日かもしれない。そんな社会が一方的に決めつける模範的な女性の生き方に当事者として翻弄され続けるのではなく、俯瞰《ふかん》して逆に面白がってやろう。そんな思いも見え隠れした。だから、冒頭で紹介した「気負わず、自分ができることを余力を残して、〝そこそこの働き方〟ができればいい」という穏やかな表情での語りも、決して嘘ではないのだ。ただ、そんな思議が許されるのも、佐藤さんが正社員職に就き、夫の収入も今はほぼ安定しているという、比較的恵まれた環境にあるからではあるが。

「やっぱり、奥田さんに取材してもらって、良かったです。でも、私の『女の一生』はこれから、ですからね」

今日が取材の最後ではない。そう告げる、彼女なりの別れの挨拶だった。

２　男の「しきたり」から外れる自由

家庭重視では周りから「女は使えない」

管理職に就くチャンスを棒に振る女性は、子育てとの両立に困難を抱えている女性だけではない。男性と同様の職務をこなしながら、周囲の誰もが認める実績を積み重ねてきたにもかかわらず、部長ポストを蹴《け》った独身女性もいる。

現在48歳の松村由紀子《まつむらゆきこ》さん（仮名）との出会いは、２００２年。30歳代、40歳代の働く女性をテーマに、彼女たちが職場や私生活で抱えている悩みをインタビューするのが狙いだった。松村さんは国立の理系大学院修士課程を修了後、大手メーカーに技術系総合職として入社。大阪や名古屋での勤務も経験した後に東京本社に戻り、大規模プロジェクトに携わっていた。こちらの質問意図をしっかりと確かめたうえで、努めて淡々と論理的に答えようとする姿が印象的だった。

当時33歳の松村さんに、着実にキャリアを重ねていることについて尋ねると、「事務系の総合職女性に比べると、自分はアピールできる専門的な知識や技能があったことが有利だったかもしれません。それに独身だから、転勤も苦にならないですし……。結婚、さらに出産すると転勤を断る女性がほとんどですからね」と、冷静に自己分析した。

ちなみにこれは今から約16年前、企業が両立支援策に本腰を入れ始める前の話で、総合職といえども、子育てを担う女性が転勤を拒否するケースはそれほど珍しいことではなかった。

「やはり、転勤を断ると、社内で責任ある仕事を任されるようになるには難しいものなのでしょうか？」

「そうですね。少なくとも管理職に昇進していくには、男性と同じように会社の業務命令に従って仕事をこなしていかなければなりませんから。総合職で入社したのに、女性だけ育児などのために転勤をさせないでハンディーもなしだったら、男性にとって『逆差別』になります。男性と同様の仕事をできなくなれば、職務内容や昇進に響くのはやむを得ない。チャンスを家庭のために逃すなんて、残念です。私たちは学生時代にバブル景気に浮かれた社会人を見ながら就職活動で一転、不況に入って厳しかった世代です。女性総合職はなおさら大変な思いで今の仕事を手にしたのに……。周りから『やっぱり女は使えない』と女性をひと括《くく》りにしてレッテルを貼られるんじゃないかと、悔しいです。私は出世の階段を上っていきたいと思っています」

松村さんが話すことは、もっともだった。特段明るくもなく、かといって暗くもなく、表情は終始変わらなかったが、「残念」「悔しい」など感情的な言葉が少しずつ現れ、それだけ彼女の思いの強さがうかがえた。だが、当時取材した子育てをしながら働く女性たちの大半が、仕事と家庭の両立に対する会社の理解や配慮が不十分なことや、任される仕事の質や責任の度合いが低くなっていくことへのやるせない悩みや怒りを打ち明けていた。そのような女性たちにとって、松村さんの〝正論〟はとても納得できなかっただろう。

この時点で、彼女は間違いなく、将来的に社内で指導的地位、つまり管理職に就くことを目指していた。

一方で、結婚、子育てについてはどう考えているのか。仕事への思いが強いだけに気になった。当時は女性が30歳を過ぎて独身でいることに対して、今ほど肉親や社会が寛容であったとは言い難い。

「出産のことを考えると、35歳までには結婚したいと思っています。去年、東京本社に戻ってから仕事関係で知り合った男性と、結婚を前提にお付き合いしているんです。彼は結婚、出産後も私が仕事を続けることに理解を示してくれています。そういう人だからこそ、交際しているんですけれど」

「じゃあ、松村さんは結婚、出産後は、仕事とどのように向き合っていきたいと思っているのですか?」

「『仕事と向き合う』という言い方は、何か女性は家庭が第一で、仕事は二の次、というニュアンスが表れていませんか⁉」

もちろん、そんなつもりは毛頭ない。だが、初回の取材で唯一、松村さんの表情に嫌悪感が現れ、語気が強まったこの語りは、はっきりと記憶している。そして彼女はすぐに平静な表情に戻し、こう続けた。

「仕事も家庭も両方、頑張りますよ。もし子育て中に転勤を命じられたら、子どもを連れて赴任し、勤務中はベビーシッターを雇います。結婚、出産は多少先延ばしできても、常にライバルとの競争である仕事は待ってはくれません。当面は仕事を優先するつもりです」

「しょせん女なんだと……」

実績を着実に積み上げ、当時としては30歳代後半という異例の若さで、課長職で現場の第一線にも立つプレーイングマネジャーに昇進した松村さんだったが、激変する職場環境の中で、少しずつ自らの仕事への疑問を抱き始めるようになる。

２００８年のリーマン・ショックによる経営不振を乗り切るため、松村さんが勤める会社が大規模なリストラを行ったことを業界紙で知った。彼女のその後が気がかりで、取材を申し込む。２００９年のことだ。幸い、彼女はリストラを免れ、以前と同じ部署で頑張っていると聞き、胸をなで下ろした。最初の取材からしばらくは定期的にメールや電話でやりとりしていたのだが、1年を過ぎたあたりから連絡をしても返事がない状態が続き、いつしか交流が途絶えてしまっていた。このため、彼女に会うのは7年ぶりだった。

仕事終わりに、白のシルク地のブラウスに紺のパンツスーツ姿で、会社近くの大型ビル内の飲食店に現れた当時40歳の松村さんは、「ご無沙汰しています。お元気でしたか？　お仕事のほう、どうなったのか、気になっていたんですよ」と口角を上げて、にっこりとした笑顔を見せた。一見、表情が明るくなったようであり、以前は決して見せることのなかった作り笑いのように見えなくもなかった。ただ、こちらの仕事のことまで心配してくれていたことは予想外で、当事者になったかどうかは別として、ともにリストラが断行された会社に所属している者同士、共感する部分があり、互いにシンパシーも芽生えていたように思う。

「ご存じだったんですね。担当していた週刊誌が休刊（実質的な廃刊）になって、やはりかなりショックで、実は今はジャーナリストとしての個人活動は一時的に休止中なんです。でも、松村さんにはどうしてもお会いしたくて……。こうして自分が行動に出ることができたことは、とても前向きな変化なんですよ」

私は正直に心境を明かした。

神妙な面持ちで聞いていた松村さんは、しばし目線をテーブルに落とし沈思黙考する。自分の周囲で起こった出来事を明かすべきか、いや、明かす覚悟はしてここまでやってきたが、果たしてどのように説明すべきか、迷っているようにも見えた。

「松村さんは、希望通り順調に出世されて、頑張っておられるんですね」

「…………」

「特に、女性だから、というんじゃありません。このような不況で企業の経営が悪化して、人員削減に乗り出している状況での管理職昇進は、男女問わず、すばらしいと思います」

「……そう、で、しょうか……」

「えっ?」

「これまで私自身、女性を意識することなく、男性と同じように一生懸命に頑張って成果を出し続けてきて、その結果、いち早く課長職に昇進させてもらいました。それ自体は、とても誇らしいことだと思っています。でも、大規模なリストラを目の当たりにして……自分はしょせん女なんだ、と強く意識するようになってしまったんです」

　再会当初の挨拶時の笑顔とは百八十度異なり、松村さんはうつむき加減のまま、一切私と視線を合わせようとしない。表向きは順調でも、実際にはつらい出来事を経験しているのではないか。ふと、そんな気がして、矢継ぎ早に質問するのはためらわれた。すると、彼女がゆっくりとした口調で、少しずつ言葉を継いだ。

「私が……お、ん、な、だから……きっと、リストラを免れたん、です。社外的にも女性の管理職を残しておいたほうがいい、という思惑も働いて……。これ、って、『逆差別』なんじゃ、ないんでしょうか。子会社への出向や転籍から希望退職、退職勧奨《かんしょう》……実際には（違法な）退職強要まがいのことまで、あったん、です。みんな家族がいる、という、のに……」

　込み上げてくる感情を必死にかみ殺している姿が痛々しかった。松村さんが全社的なリストラ時における自身の待遇を称した「逆差別」とは、最初の取材で、彼女が育児など家庭の理由で転勤を断る総合職女性の働き方と絡めて、厳しい視点で放った言葉だった。

管理職昇進で結婚を逃す

会う直前のメールと電話でのやりとりも含め、松村さんのプライベートな生活についてはなかなか聞き出すことができなかった。リストラの対象になった社員の話の最後での、「みんな家族がいるのに……」という発言には、彼女のそうした社員への同情だけでなく、自身の「家族」形成に対する感慨のような気持ちも込められているような気がして、思い切ってこう切り出してみた。

「ところで……松村さんは、そのー、プライベートのほうは?」

「奥田さん、そんな気にしないで、単刀直入に聞いてくださいよ。独身、まだ一度も結婚したことのない未婚、のままです。確か、前にお会いした時はお付き合いしている男性がいて、35歳までには結婚します、なんて偉そうに宣言していたと思うんですが……。その彼とは半年ほど前に別れました」

交際していた男性との別れから、そう長い時間が経っているわけではないにもかかわらず、彼女は意外にも冷静にさらりと説明した。仕事のことを話した際の表情や口調との落差が大きかった。もう吹っ切れているのなら、とさらに詳しく尋ねてみる。

「もし、差し支えなければ……その男性とは、どうして別れたのですか?」

「計画通り結婚して、30歳代のうちに子どもを産んでおきたかったんですが……35歳時点で管理職昇進の道が見えてきて、実際にその３年後に課長職に就任させてもらったので、頑張らなくてはと思って、仕事を優先して結婚を先延ばしにしているうちに、何というか……」

「彼のほうが、松村さんの仕事への思いを十分に理解してくれなかったということなんでしょうか？」

「……ええ、まあ……彼からのプロポーズに対して、ちょっと待ってほしいと言ったら、『仕事と俺とどちらが大事なんだ』と厳しく迫られて……。正直に、『仕事とあなたと天秤《てんびん》にかけられるものではないけれど、今は仕事が大事』と答えてしまったんです。嘘でも『あなた』と答えるべきだったのかもしれませんが、そういう質問をされること自体、私のことを、仕事を頑張っている部分も含めた私のことを、全く理解してもらえていないんだなと、とてもつらくなって……。でも、今では、彼もリーマン・ショック時に会社の経営が傾いて多忙を極めていた時期に私との結婚を決意してくれたのに、そんな彼を悩ませたうえ、彼の苦しみを受け止めることさえできなかったことを反省しているんです」

「きっとまた、仕事のことも含めて松村さんのことを理解して、愛してくれる男性が現れますよ」

「………」

「仕事でも趣味、ボランティア活動でも、何かに熱心に打ち込んでいる女性は、男性にとって魅力的なんじゃないでしょうか」

「……もう結婚はしないんじゃないか、と思います。それに、今の私はもう、仕事に前ほどのやる気もやりがいも、見出せなくなっているから……」

松村さんは仕事にも、私生活にも、自信をなくしてしまっているように感じられた。

「奥田さん、独り（独身）で寂しくないですか？　仕事には誇りを持って頑張っていらっしゃるんでしょうけれど、仕事って、孤独感をカバーして余りある幸せを与えてくれるものなんでしょうか？」

彼女自身が今まさに、思い悩んでいるテーマなのだろう。正直、私にだってわからない。独身か既婚か、また働いているかいないかにかかわらず、女性から同様の質問をされることは少なくない。それが取材者として正しいのかどうかはわからないが、その都度、相手のライフスタイルを尊重したうえで、努めて客観的に、当たり障《さわ》りのない答えを返してきたつもりだ。が、この時ばかりは返答に窮《きゅう》し、そんな己が不甲斐《ふがい》なかった。

出世競争から降りて自分らしく

松村さんは今も同じ会社で課長職のプレーイングマネジャーとして、複数のプロジェクトを掛け持ちするなど、以前と同じように職務に力を注いでいる。ただ、大きく変わったのは、仕事に抱くやりがいの中身だった。

２００９年の取材後しばらくしてから、２度目の赴任となる大阪で３年間勤めた後、東京本社に戻った。そうしてさらに３年近く経た頃、所属部署上部の本部長から呼び出され、他部署の部長職昇進への打診を受けるのだ。同期の男性の中からはすでに部長は出ていたが、実現すれば女性の部長は初めてで、それも部次長職を飛び越しての異例の昇格人事になるはずだった。しかしながら、松村さんは部長職就任を固辞した。

この間も3回、取材を重ねていたが、部長職昇進を断って以降は会っておらず、２０１７年、2年半ぶりに出張先の大阪市内で時間を取ってもらった。松村さんは48歳になっていた。この年のトレンドを取り入れたベージュのワイドパンツに水色のブラウス、白のジャケット姿で、年齢よりも若々しく見え、またこれまで15年にわたる交流の中でいつになく明るい雰囲気を漂わせていた。

「お元気でしたか？　奥田さんは大学の先生に転身されたんですね。お身体の悪いお母さまのこともあるし、東京から大阪に移られるのは大変だったと思いますけれど、きっとご自身でいろいろと考えられたうえでの前向きな決断だったのですね」

松村さんへの取材時期はいつも、私自身の身辺に大きな変化が起こった時と重なる。彼女とは年齢も近いうえに、幾度にもわたる転勤や激変する職場環境に翻弄された経験、未婚というライフスタイルなども似ていて、個人的にも共感する部分が少なくない。取材、執筆時にはそうした主観は一切排除しているが、やはり長い付き合いとなると、親しい友人に近い関係性も芽生え、こちらへの心配りがありがたく、勇気づけられることも多いものだ。

「気遣ってもらって、ありがとうございます。気にはなっていたのですが、新聞社を辞職してから求職活動、大学への再就職と目まぐるしく状況が変わって、ご連絡する余裕がなくてすみませんでした。松村さんはその後、お仕事のほうはいかがですか？」

「もちろん頑張っていますよ。ただ、頑張る質が違ってきているように思います。前はただやみくもに仕事に打ち込んで、評価してもらうこと、具体的には人事考課で高い評価ランクをもらうことが一番の目標でした。でも今は、自分の努力と工夫次第で、例えば、ラインの上からの指示だけで動くのではなくて、単独で社内公募に応募したり、部の垣根を超えて業務改善のための小さなプロジェクトを立ち上げてみたりするなど、できることはそれなりにあるし、現場の仕事にも力を注げます。だから、出世競争から降りたことで、自分らしい働き方ができている気がしているんです」

男の職場の「しきたり」にうんざり

職場のパワーゲームから降りたことが結果として、自分らしい働き方につながったようだが、部長職昇進を断った心理を深く探りたかった。

「部長職就任への打診を断った理由は、何だったのですか？　少しずつ出世コースに乗った仕事に疑問を抱かれていたのは以前から感じていたのですが、さらにどのような心境の変化があったのか、可能な範囲で教えていただければありがたいのですが」

柔和だった松村さんの表情が徐々に強張《こわば》っていく。

「あのー、論理的ではないかもしれないのですが……」

「構いませんよ。思ったことや気づいたことなど、何でも結構です」

「し、き、た、り……」

「何、とおっしゃいましたか？」

「男性たちが、長年培ってきた、職場の『しきたり』に、何食わぬ顔で従ってゆくことがとても耐えられなかった。もううんざり、だったんです」

「具体的にはどういうことですか?」

「すみません。それが、どうもうまく、理路整然とは説明できないのですが……。ひとつの例としては、リーマン・ショック時に一時的に会社の経営状況が悪化した際に全社的なリストラが実施されたことは前にお話ししましたよね。あの時に、実際には理不尽ともいえるリストラを行った——経営陣の方針に従い、実行役になったということですが——冷徹な部長の姿をまざまざと見せつけられて……たぶん、権限を持ってそんな役回りを務めなくてはならない幹部社員という立場が無性に嫌になったのだと思います。出世のための闘い、男の『しきたり』から外れるのは自由ですし、女性のほうがそうしやすいかもしれませんね」

最も打ち明けたかった思い、おそらく他の誰にも話したことのなかった複雑な心情を吐露《とろ》したことで少し安堵《あんど》したのか、松村さんが穏やかな表情を取り戻す。

「改めて今、仕事のやりがいについてはどうですか?」

「出世とは異なる働き方の意義は見つけられたように思うんです。ただ、現実問題として、私は独身ですから経済的に誰にも頼らずに生活していくためには働いてお金を稼がないといけません。そういう点からはやりがいは二の次になってしまいますね。実は、そんな考え方をするようになったのは40歳代になってからなのですが……。でも、やっぱり仕事の目標は持っていたい。はっきりと言えるのは、管理職に就くことだけが、仕事で活躍する方法ではないということです。顧客に喜んでもらい、人や社会の役に立っていると、ほんの少しでもいいから実感できる働き方ができればいいなあ、と考えています」

前向きな気持ちになっている今の松村さんなら大丈夫と判断し、以前彼女から問われ、常に頭から離れなかった質問を今度は彼女に投げかけてみた。

仕事は、孤独を補って余りある幸せを与えてくれるのか――。

「かも、しれない。まだ、そんなところでしょうか」

そういって、彼女にしては珍しく、茶目っ気のある笑顔を見せた。

3　女同士の闘いが怖い

パワハラ上司は女性

一般職で入社後、転換試験に合格して総合職を経験しながらも、女性上司からのパワーハラスメント（パワハラ）をきっかけに辞職し、ブランクを経て再就職した女性は、あるライフイベントを機に仕事への価値観が百八十度変わった。

関西の主要駅前にある喫茶店の禁煙席の一番奥、4人席のテーブルの角を挟んで90度の位置に、当時37歳の安川美里《やすかわみさと》さん（仮名）と2人で座って20分余り。最初に軽く挨拶を交わしてから、彼女は「ちょっと……すみません」とうつむきながら小声でささやき、淡いピンク色のハンカチで両目頭を押さえたまま、黙りこくってしまった。そしてようやく顔を上げたかと思うと、コップの水も注文したコーヒーも飲まず、こう一気に早口でまくしたてた。

「社内の女性で一、二を争う出世頭《がしら》で、私にとっては憧れの的やったんです。それやのに、その上司となった女性課長からひどいパワハラを受けることになるなんて……夢にも思っていませんでした。部長や人事部に訴えても何も改善してもらえず、結局、被害者である私が会社を辞めることになってしまって……。奥田さん、こんな弱い者いじめの職場、世の中、でいいんですか⁉」

安川さんの目はいつの間にか、真っ赤に充血していた。話している最中、怒りが急速な勢いで悲しみを上回っていくのがありありと感じ取れた。もちろん、そんな理不尽な職場の対応が許されていいはずがない。だからこうして、彼女がつらい出来事を思い出して苦しむのを承知のうえで、敢えて取材に応じてもらったのだ。

女性課長は「腫《は》れ物」扱い

安川さんとの出会いは２０１０年。もとは職場の問題について取材を続ける過程で、有能で課長職など管理職に抜擢された社内でごくわずかの女性がうまく采配《さいはい》を振れず、部下とトラブルを起こすなどするケースが増えているという情報を入手したのがきっかけだった。

女性上司とのトラブルの「被害者」は女性が多く、特定の事例にやっとの思いでたどり着いても、取材を申し込んでは断られるということを幾度となく繰り返していた。そんな時、安川さんは、いつか社会に訴えてもらえるなら、と取材内容を発表する媒体も時期も未定であるにもかかわらず、取材を受けることを承諾してくれたのだ。

安川さんはサービス業の会社に一般職で入社後、35歳の時に試験を受けて総合職への転換を果たした。総合職入社で未婚、40歳代前半のその女性課長は、安川さんの働きぶりに対して「総合職の自覚が足りない」などと、何かとケチをつけ、課員のほとんどが席に着いている機会を見計らっては、皆に聞こえるような大声での叱責《しっせき》を毎日のように繰り返した。さらに、課内外の社員や派遣スタッフの女性たちの間に、安川さんが「取引先の男性に媚《こ》びを売って取り入っている」などと根も葉もない噂を流され、彼女は社内の女性たちからも距離を置かれたり、無視されたりするような状況に追い込まれていったのだという。

女性課長の上司にあたる部長に報告し、人事部次長同席のもと、会社の制度に基づきパワハラ事案として訴えたが、約2週間後、人事部からは「調査の結果、パワハラはなかった」という判断を言い渡された。「事実無根のパワハラで女性上司を訴えた」という、負の烙印を押された安川さんはあまりの精神的苦痛から、出社できなくなってしまう。部長の勧めもあってメンタルクリニックを受診したところ、「軽症うつ病」と診断され、約1か月休職することに。一見、本人にとっては嫌な職場から離れて休養でき、良かったようでもあるが、実際には職場復帰後、服用中の薬の副作用もあってか、なかなか作業効率が上がらず、人事考課（5段階評価）が以前のCから最低ランクのEにまで落ち、男性課長以外はすべて女性の派遣スタッフで職務を遂行している、クレーム対応窓口への異動を命じられるのだ。結局、彼女は異動先の職場にも馴染《なじ》めず、自ら辞職願を提出したという。

「お気づきやと思うんですが、もともと男性と肩を並べて仕事をこなして、男性と同じように管理職に就いて出世したいという目標がありました。だから、一般職から必死に頑張って、難しい総合職への転換試験に合格したんです。それやのに……」

充血していた目はかなり治まってはいたが、硬い表情で、一つひとつの言葉に込められる凄《すご》みのようなものがどんどん増していくのがわかった。

「安川さん、少し中断しましょうか？」

「いいえ」できるだけリラックスして話せるようにと、互いの目線がぶつかりにくいテーブルの角を挟んだ座り位置にしていたのだが、彼女はさっと身体を私のほうに真正面に向けてそうきっぱりと言い、続けた。

「そのパワハラ女性課長は、実際には部下を管理・監督し、課全体を取り仕切る能力に乏しいことは、部長や人事部も含めて周りのほとんどが知っていたんです。でも、その女性にはみんな、腫れ物に触るように接して、誰も能力不足を指摘したり、改善するように指導したりはしませんでした。そんな女性上司の問題点を放置したために、私のような犠牲者が出ることになってしまったんやと思います。『女の敵は女』という言葉を聞いたことがありますが、それをまさか自分自身が被害者として経験してしまうなんて……」

会社を辞めてから3か月経ち、求職活動中であるという安川さんは、本当に言いたいことをまだ内に秘めたままでいるのではないか、と感じた。本来は彼女自身の自発的な発話を待ちたかったが、彼女の精神状態によってはいつ取材が終わってしまうかわからない。思い切ってこう尋ねてみた。

「転職されたら、また総合職で管理職を目指されるのですか?」

すでに身体をテーブルの角を挟んで90度の位置に戻していた安川さんの瞳が鋭く輝いたのが、斜め横からの表情ですぐに見て取れた。と同時に、一瞬にして空気が張り詰める。実際にはほんの1、2分だったのだが、この間の沈黙がとてつもなく長く感じられたのを、昨日のことのように思い出す。

「……もう、管理職は、無理、やと思っています。管理職に就いて、男の競争に組み込まれることよりも……女同士の闘いが、もう、怖くてたまらないんです……」

そう精一杯、力を振り絞って言い切ってくれた彼女に、それ以上突っ込んで質問することはためらわれた。かといって、うまく元気づけるような言葉を見つけることもできなかった。

この時は、心に靄《もや》がかかったような取材終わりとなってしまったのである。

一般職経験が正社員へ後押し

安川さんは2017年に最後に取材した時点で、流通業の会社の一般職として経理事務を担当していた。転職活動が難航していた最初の取材時から数か月後に派遣会社に登録し、今勤めている会社に3年間、派遣スタッフとして働いていたが、経理事務の能力が評価され、正社員に登用されたのだ。

自宅まで交通の便の良い主要駅前の喫茶店に現れた安川さんは明るい表情で、ペパーミントグリーンの襟なしブラウスに紺色のタイトスカート、オフホワイトのジャケット姿。どこか影が差していた以前とは見違えるようだった。これも前と同様、奥の4人席に先に着席していた私に笑顔で挨拶した後、躊躇《ちゅうちょ》することなく、視線がぶつかり合う機会の多い真正面の席に着いた。仕事の経緯について尋ねると、こう説明してくれた。

「会社を辞めてからしばらくは精神的なダメージが大きく、それが面接にも影響したのか、正社員職を目指して転職活動をしていたのですが、不採用ばかりで……。それで、派遣スタッフとして働くことにしたんですが、仕事が思いのほかはかどり、それまで感じることができなかったような……うーん、達成感、とでもいうんでしょうか、なんや前向きな気持ちで仕事に取り組むことができるようになったんです。変なんですけれど……自分でもそんな気持ちになれて不思議、といいますか……。ちょうどそんな時に正社員の話をもらったんです」

安川さんの頬がみるみるうちに紅潮していくのが、よくわかった。

「能力や実績を認められたんですね。景気が上向いているとはいえ、人件費を抑えて様子見をしている企業が多いなか、派遣から一気に正社員にキャリアアップできるケースは珍しかったと思うのですが」

「その通りですね。派遣での職務能力が認められるということも、あまりなかったと思いますし……。私の場合は、前の会社で総合職に転換するまで一般職で経理事務を担当していて、そのスキルや経験を生かせました。もともと一般職では専門性が培われないし、出世もできないからと考えて、総合職に変わったのですが、実際には一般職でも頑張りようによってはしっかりと専門ノウハウを積み上げることができるのやと気づきました。特に正社員になってからは、与えられた仕事を指示通りに処理するだけではなくて、自分なりに判断して対応できる部分は、総合職の社員の補佐的な役目も進んで取り組むように努力してきたんですよ」

晩婚が変えた仕事観

44歳になった安川さんは、左手薬指に上品な一粒ダイヤの婚約指輪と結婚指輪を重ねづけしていた。まだ結婚してから日が浅いのだろうか。どのように切り出そうか、迷っていた、その時だった。指輪への視線に気づいたのか、安川さんが右手の指先を左手の指輪に愛しそうにあてながら、少し照れくさそうにこう話し出した。

「実は……去年、結婚したんです。派遣の仕事で落ち着いてきた時にはもう40歳間近になっていました。だから、もう自分はずっと独身なんかなあ、と思っていたんです。でも、ひょんなことから、いい出会いがありまして……」

正社員に登用されてから2年近く過ぎた頃、取引先との間で発注ミスが発生し、その処理に応援で借り出された彼女は、ともに職務にあたったことがきっかけで他部署の男性社員と急接近し、半年余りの交際を経てのスピード結婚となったという。

「しばらく前まで、自分が結婚、それも社内の男性と結ばれるなんて、想像すらしていませんでしたけど……家庭を持つことができて本当に良かったと思っています」

40歳代前半という年齢的なこともあり、さらに進めて子どものことを聞くのは気が引けた。安川さんの口から仕事も私生活も充実して暮らしていることを聞くことができ、どこかほっとした気持ちになり、今回はここで取材は終了しよう、と思った。ところが、彼女の表情がなぜか、曇り始めている。彼女も取材が終わりそうな雰囲気を察知し、まだ何か言い残していることがあるということなのだろうか。ここは直接、聞いてみるしかない。

「安川さん、少しご気分でも悪いですか？」

「………」

「それか、失礼ですけど、まだ何か話し切れていないことがあるのでしょうか？　せっかくの機会だから、話してみませんか？」

「……あのー、実は……今、不妊治療をしているんです。結婚したら、やっぱり主人のためにも子どもは産みたいなあ……いえ、それ以上に私自身が、女に生まれたからにはどうしても出産を経験したいと……あっ、すみません」

「どうして謝るんですか。（結婚も出産も経験していない）私のことはどうか気にしないで、話を進めてくださいね」

「雑誌やネットなどからある程度の情報は入っていましたが、不妊治療はとても苦しいこと、なん、です……」

つらさを懸命にこらえて話してくれていたが、言葉に詰まる。

「それでも、苦しくても、ご主人と力を合わせて頑張っていらっしゃるんですね。とてもすばらしいことだと思いますよ」

「それで……実は、仕事は2か月余り後に辞めることになりまして……つい先日、上司に話して了解してもらったところなんです。不妊治療も年齢的に最後のチャンスになりますし、一般職というても、やっぱり続けていくのは難しくて……」

いつも取材前に描くことにしている、複数の仮説の中に、「退職」は全く含めていなかった。取材の最終盤で、大きな軌道修正を迫られることはそうはない。取材者として、安川さんのそれまでの話しぶりや表情から、そこまで読み取れていなかったことが悔しかった。

今回の取材の途中でたびたび彼女が見せた、弾けるような笑顔は、単に仕事や私生活がハッピーなためだけではなく、様々な選択を迫られてその都度思い煩いながらも、自らが最善であると自信を持てる道にようやくたどり着くことができたことを誇る、女性のプライドの表れだったのではないだろうか。

安川さんにとって、仕事はどんな存在だったのか。どうしても聞いておきたかった。

「女性は男性と違って、私生活の変化、結婚や出産が仕事に影響を与えるのだと今、改めて実感しています。前の会社で管理職を目指していた時には、結婚なんてしなくていい、とさえ思っていました。実際にわずかに管理職に就いていた女性はみんな独身でしたし……。当時の私やったら、子どもを産むために会社を辞めるなんて考えられなかった。仕事で能力を高め、小さなことでも地道に実績を積んでいくことはすばらしいことです。そう実感できたのは、男性と肩を並べて働いた総合職ではなく、女性用の職種ともいえる一般職でした。ただ、それ以上に重要な幸せを感じさせてくれるものがあることを知って……結婚が、私の仕事観を大きく変えたんです。ただ……ひとつだけ、最後に言っておきたいことは……」

「何ですか？　何でも構いませんから、言ってくださいね」

「そもそも女性が、仕事と家庭の両方をいずれも100％の力を出し切って頑張る、というのは無理なんやないでしょうか。こんなことを言うと、今の社会で主流になっている考え方や動きに逆らうようで、非難されそうですけど……」

仕事で苦難を経験し、自らが選んだ新たな道に向かって今、踏み出そうとしている安川さんが訴えた言葉が、心の奥に響いた。

4　〝数合わせ〟の女性登用

自らチャンスを手放す女性たち

職場で指導的地位に就いて能力を発揮したいと願う女性にとっては、国が率先して企業などに女性管理職を増やすことなどを求める「女性活躍」の推進は、好機である。しかしながら、事例でも紹介したように、働く女性すべてが管理職に昇進することを望んでいるわけではない。むしろ、管理職に就くチャンスが到来しながら、自ら昇進を拒んでいるケースが少なくないのである。

実際に管理職に就いている女性の割合は、政府が掲げる目標とは大きく乖離《かいり》している。民間調査会社の帝国データバンクが2018年8月に公表した「女性登用に対する企業の意識調査」によると、調査対象企業（全国9979社から回答）の管理職（課長相当職以上）に占める女性比率は平均7・2％（前年比0・3ポイント上昇）で、国の調査結果より4・3ポイント低かった。管理職に占める女性の割合が「20％以上30％未満」は4・2％、「10％以上20％未満」は7・3％、「10％未満」は30・5％で、管理職が全員男性で女性が1人もいない企業が半数（48・4％）に上った。

女性管理職比率の国際比較では、日本（12・5％）は、アメリカ（43・6％）やイギリス（35・4％）、フランス（31・7％）など欧米先進国と比べるとかなり低い（労働政策研究・研修機構「データブック国際労働比較」。2015年の数値）（図表1）。さらに世界規模で見ても、日本は下位グループに位置している。国際労働機関（ＩＬＯ）が世界126か国の2012年のデータから算出したランキングでは、日本は96位（11・1％）だった。

わが国で女性登用が思うように進まない要因としてこれまで指摘されてきたのは、そもそも企業内に女性の正社員の数が少ないため、女性管理職のロールモデルが不在か乏しく、またチームメンバーを率いるなど責任の重い役割の経験やスキルも不足し、人材育成に時間がかかること。さらに、子育て中で短時間勤務など労働に一定の制限がかかる時期に、女性がキャリア発展につながるような職務経験を積み、能力を高める機会を逸していること、などがよく挙げられる。

労働政策研究・研修機構が2013年に公表した「男女正社員のキャリアと両立支援に関する調査」（全国の常用労働者300人以上の企業6000社と、常用労働者100～299人の企業6000社の計1万2000社対象）でも、女性役職者が少ない理由について

図表1　管理職に占める女性の割合

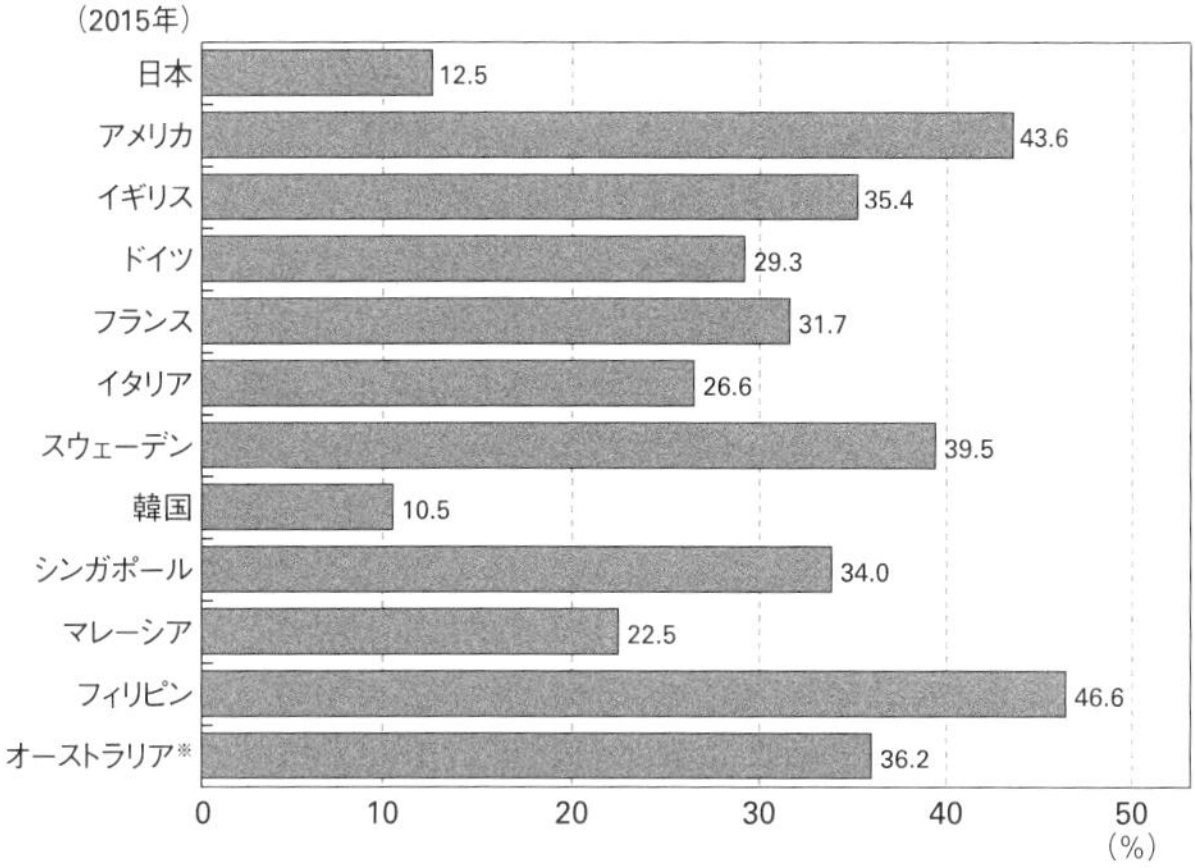

出所：労働政策研究・研修機構「データブック国際労働比較2017」より
※オーストラリアは2014年値

(複数回答)、「採用の時点で女性が少ない」(300人以上企業は52・2%、100〜299人企業は59・8%)と、「現時点では、必要な知識や経験、判断力などを有する女性がいない」(300人以上企業は45・6%、100〜299人企業は49・0%)が上位を占めた。

だが、これらの議論には、当事者である女性自身が様々な事情や心理的葛藤を抱えた末に、管理職を自分の意志で選択していない、という事実はないがしろにされている。

本章の事例で紹介した佐藤さんはもともと、結婚後は仕事を辞めて家庭に入ることを望んでいたが、夫が勤務する会社の経営状態が悪化したり、自身が転職によって仕事にやりがいを抱くようになったりしたことで、一時は比較的積極的に仕事と家庭の両立の道を選択する。しかし彼女にとって、男性と同様の長時間労働で管理職に就いてさらに仕事の責任が重くなることはプレッシャーでしかなく、自ら〝マミートラック〟に乗るという方法で仕事と折り合いをつけることで、自分なりに精神的なバランスを図っているように見えた。彼女が見出した〝そこそこの働き方〟は、決して安易に楽な道を選んだということではない。激しい心の葛藤の末に彼女自身が己としっかりと向き合い、己を見失わないために見つけた最良の選択だったのだ。

また、出世志向だった松村さんは着実に実績を積み上げ、いち早く課長職に就いたにもかかわらず、結局は、リーマン・ショック時の不況で大規模なリストラ策が断行されるなど激変する職場環境に対して、男たちが築いてきた職場の「しきたり」に耐えられなくなり、部長職就任への打診を断った。独身で仕事だけの生活に、どこか曖昧で捉えどころのない不安を抱きながらも、自分らしく働くことに指導的地位に就くのとは別の意義を見出し、今も仕事に邁進《まいしん》している。

安川さんも当初は指導的地位に就くことを目指して一般職から総合職への転換を果たしたが、女性上司からパワハラに遭って辞職し、女性同士の闘いをきっかけに管理職を嫌悪するようになる。派遣スタッフから始まった転職先で正社員に登用され、かつて培った経理事務の経験を生かし、小さなことでも地道に積み重ねていくことに達成感を味わっていた矢先、40歳代前半での結婚が彼女の仕事観を大きく変えることになった。

民間調査でも「管理職になりたくない」

女性自身が管理職に就くことを拒んでいるという実態は、国の調査からはなかなか浮かび上がってはこない。ただ、民間調査機関の調査結果やコンサルタント業務の一環で行ったアンケート調査などからは、そうした女性たちの動向を推察することが可能である。

三菱UFJリサーチ&コンサルティングが2015年に公表した「女性管理職の育成・登用に関する調査」（正社員の男女3000人対象）によると、管理職に就いていない社員のうち、管理職（課長クラス以上）を目指している割合は、男性43・0％に対し、女性は12・9％と低い水準だった。

管理職を目指さない理由（複数回答）として、女性は管理職になると、「ストレスが増えるため」が47・2％で最も多く、次いで「責任が増えるため」（37・4％）、「自分には管理職が向いていないため」（34・1％）、「家庭（プライベート）との両立が難しいため」（27・

1%）と続いた（図表2）。子どもの有無別で女性が管理職を目指さない理由として「家庭（プライベート）との両立が難しいため」と回答した割合を見ると、子どものいる女性では34・9%と、子どものいない女性（24・1%）に比べて約1・5倍に上り（図表3）、管理職への昇進意欲にブレーキをかける家庭との両立では、子育てが大きな比重を占めていることがわかった。

前出の労働政策研究・研修機構の「男女正社員のキャリアと両立支援に関する調査」（2013年）では、管理職に就いている女性が未婚か既婚か、また子どもの有無についても調べており、未婚者が42・3%（300人以上企業）と33・5%（100〜299人企業）で最多で、次に結婚していて子どもがいない女性が15・3%（300人以上企業）と18・7%（100〜299人企業）で続き、女性管理職の5〜6割が未婚者と子どものいない既婚者で占められていることが明らかになっている。

また、日本生産性本部雇用システム研究センターが2014年に、女性の管理職昇任試験の受験率が数パーセントと低水準で推移していることを問題視した、ある首都圏の自治体の委託を受け、非管理職の女性職員を対象に実施したアンケート調査によると、昇任試験を受けない理由について、管理職は「難しい問題や複雑な政策課題を抱え、仕事が大変そうだか

図表２　男女別　管理職を目指さない理由

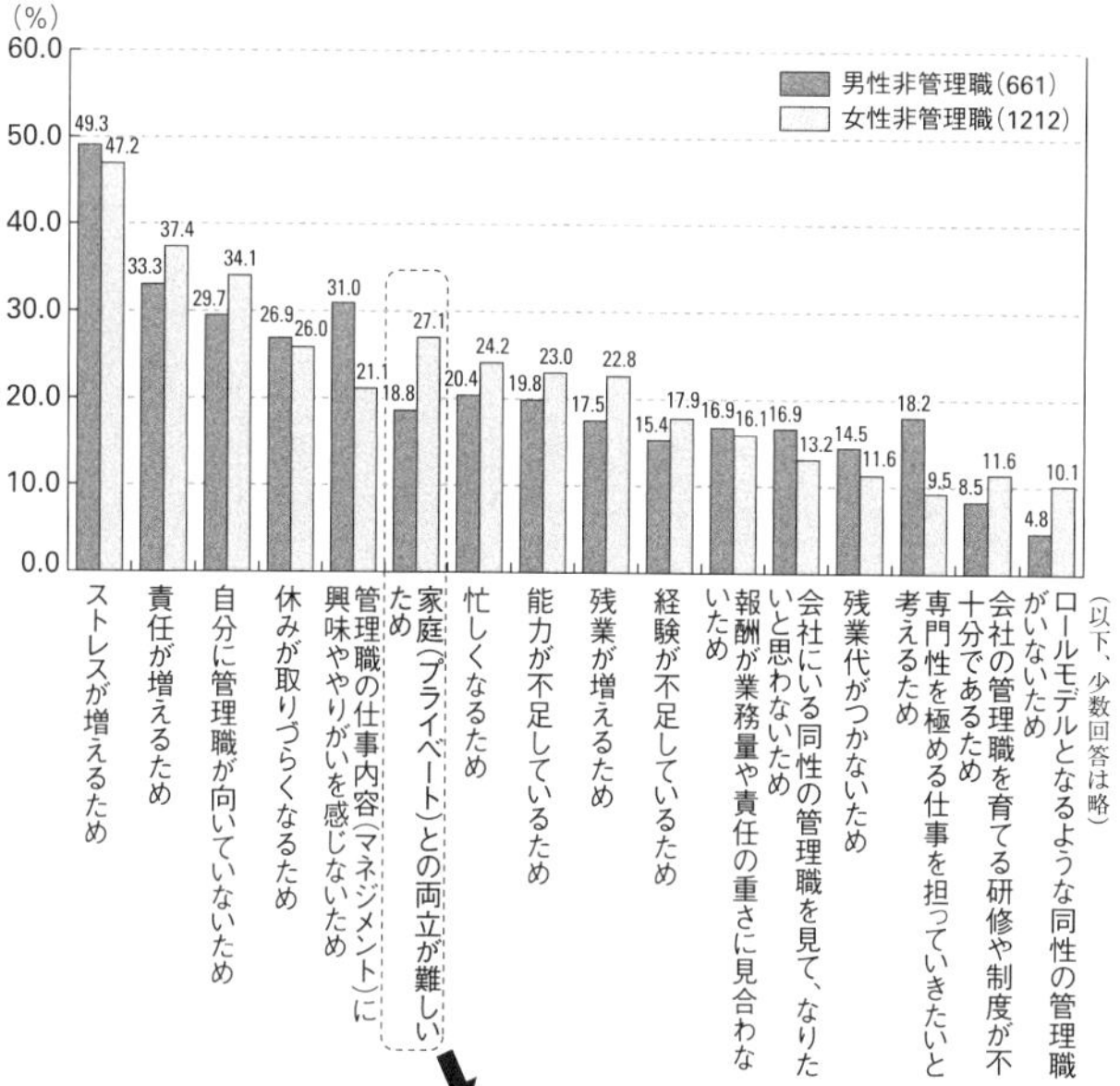

図表３　男女別×子ども有無別　管理職を目指さない理由

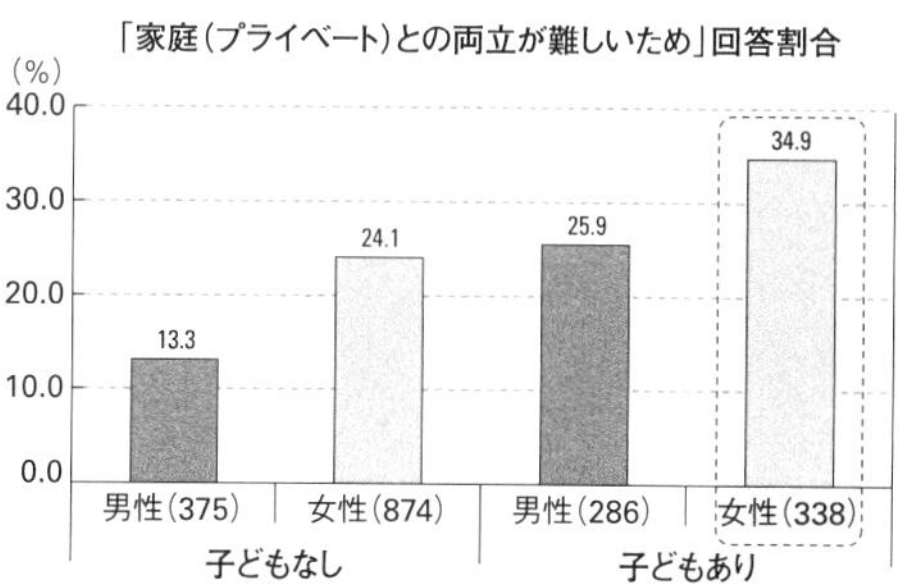

出所：三菱UFJリサーチ＆コンサルティング「女性管理職の育成・登用に関する調査」(2015)より

ら」が6割強を占めて最も多かった。次いで、「部下の職員指導や人事・労務管理を行うのが面倒」「住民やマスコミ対応など困難な仕事を任されたくない」がそれぞれ4割弱と多かった。同センターが同じ年に行った関東のある信用金庫の非管理職の全女性職員への意識調査でも、「管理職になりたくない」という回答が7割弱に上った。このケースも、管理職に就くには職務経験として必須である営業職に就きたがらない女性が多いという、問題の解決策を検討する判断材料とするため、信金から調査委託を受けたものだ。

地方公務員も信金職員も限られた地域での事業展開のため、家庭との両立という課題を抱えた女性が比較的働きやすい職場環境といえるだろう。それにもかかわらず、女性自身が管理職に就きたくないと考えているという事実は、いかに幅広い業界にそうした傾向が広がっているかということを示唆《しさ》しているのではないか。

女性の能力開発が先決

女性には、大別しただけでも、仕事を優先する道、家事や子育てに専念する道、そして仕事と家庭を両立する道——といった複数のライフスタイルがある。現在の生き方が彼女たち自身の希望に沿っている場合もあれば、中には、様々な要因から不本意に今の道を選ばざるを得なかった場合もある。例えば、専業主婦になりたいが、夫の収入が低かったり、独身のために働いていたり、逆に出産後も仕事を続けたかったが、所属企業の両立支援策が充実していないため、また子どもを保育所に入れられずに辞職したり、などである。ただ概して、女性は多様な生き方の選択肢の中から就業を自らの意志で選択しているケースが多く、だからこそ、現に働いている女性は、男性に比べると賃金や地位など外発的動機づけよりも、やりがいなど内発的動機づけが強い傾向にあると、取材を通して痛感してきた。

そうして、女性の働くモチベーションと、制度の充実度や周囲の理解など職場環境・風土は深い相関関係にある。一方、家庭との両立支援という配慮と、指導的地位への登用という、ベクトルの異なる女性社員への対策に苦慮する企業は少なくない。

働く女性全体からすると約４割（44・５％。２０１７年値）と少数派である正社員女性が、将来的に管理職への昇進も視野に仕事を続けていくには、企業側が人材育成や職務内容のあり方、評価方法などについて、当事者が長期的なキャリア展望を描けるように工夫を重ねていく必要がある。その基盤整備として、子育てや介護など家庭での役割を抱えている女性が、残業の免除や短時間勤務などで他の社員と同程度の時間働くことができないことがハンディとならないよう、すべての従業員の長時間労働を是正するなど働き方を抜本的に見直すことは不可欠だ。

だが、現実問題として、この理想の実現にはまだ相当の時間がかかるだろう。

このため、育児などとの両立で自ずと労働時間、つまり仕事の量を減らさざるを得ない時期に、労働の質を低下させることなく、いかに職業人としての資質・能力を醸成し、キャリアを停滞させずに発展させていけるか、という点が重要なカギとなる。この点に企業が注力できるかどうかは、家庭での役割と両立中の女性が仕事のやりがいを見失わずに職務に励むか、それとも働くモチベーションが低下してしまうのか、当事者のキャリア形成の成否を左右する重大な要素といえるだろう。

これらの課題がクリアされず放置されたままで、単に数値目標を達成するためだけに女性の管理職登用が推進されているのだとすれば、言い換えれば〝数合わせ〟の女性登用が逆に、当事者が自らの意志で管理職から遠ざかる大きな要因になっているのではないか。当然ながら、これは企業側にとっても、働く女性本人にとっても、決して望ましいあり方ではない。

企業側も、〝数合わせ〟の女性登用を積極的に容認しているわけではない。日本生産性本部が2016年2月に公表した「第7回　コア人材としての女性社員育成に関する調査」(上場・非上場企業合わせ587社が回答)では、女性活躍推進法への対応について「課題がある」と回答した企業は72・1％に上った。これらの企業に何が課題かを尋ねたところ（複数回答）、「目標（定量的目標）の設定の仕方」が76・1％と最多だった。企業側が管理職に占める女性の割合に数値目標を設定しなければならないことに、疑問や戸惑いを抱いていることがうかがえる。

管理職に就くことだけが「活躍」の道ではない——。取材した大勢の働く女性たちがそう、教えてくれたのである。

〝数合わせ〟の女性登用ではなく、管理職に就くかどうかも含め、女性たち自らが望む職場内のポジションを認め、また子育てなどをしながら働きやすい柔軟な雇用システムを整備し、推進していくことが今、早急に求められている。そしてそれが結果として、労働生産性を向上させ、経済成長や社会保障制度の安定にもつながるのではないか。

では、真に女性が輝く職場、社会を実現するにはどうすればよいのか。最終章の第５章で詳しく述べたい。

第2章 非正規でも前向きな女たち

1　〝腰掛け〟仕事のつもりが……

「経済的に厳しくても、不幸じゃない」

単身女性の3人に1人が「貧困」――。勤労世代（20〜64歳）の単身で暮らす女性の「相対的貧困率」（国民1人当たりの可処分所得を高い順に並べ、真ん中の人の所得の半分に満たない人の割合）が32％に上るという、国立社会保障・人口問題研究所の分析が2011年末に明らかになり、しばらくの間、メディアによってセンセーショナルに報道されたことをご記憶だろうか。

働く女性の6割近く（55・5％。2017年値）を占める非正規雇用の労働者は、正社員に比べて賃金など待遇や職務の質の面で劣るうえに、景気変動への調整弁としてみなされて雇用自体が不安定だ。中でも、夫という経済的に頼れる存在もなく、自らが1人で家計を担っている非正規で働く未婚やシングルマザーの女性たちは非常に厳しい生活状況にある。

総務省の2017年（年平均）の「労働力調査」によると、非正規雇用で働く女性のうち、年収200万円未満は8割強（83・1％）を占めている。この数値には夫が主たる生計者であるケースも含まれるため、独身女性の場合はどうか。離別や死別による独身者は含まれないが、５年ごとの総務省「就業構造基本調査」の最新の結果である２０１７年調査では、非正規で働く未婚女性（一度も結婚したことのない女性）のうち年収２００万円未満が７割強（72・８％）に上った。フルタイムで働いていても収入が低く、暮らしが成り立たない、いわゆる〝ワーキングプア〟と呼ばれる層が多数を占めているのだ。

女性活躍推進法に基づき、企業などが取り組むべき項目は女性管理職を増やすことなど、多くが正社員に主眼が置かれている。本来なら、非正規の女性たちから、自分たちは蚊帳《かや》の外に追いやられている、などと不満や怒りの声が聞こえてきてもよさそうだが、実際には非正規という雇用形態を甘んじて受け入れ、「経済的に厳しくても、不幸じゃない」と、今の生活に一定の充実感を抱いている女性が少なくないのである。

そもそも結婚までの〝腰掛け〟のつもりで就いた非正規職だったが、未婚のまま年齢を重ねた末に、予期せぬ出来事をきっかけに仕事や結婚とは別の次元で充実していると感じる人生を送る女性をはじめ、正社員で入社したものの、働く意義を見つけられずに結婚を機に退職し、私生活の変化で再就職した非正規職で初めてやりがいを感じた女性、正社員として働いていたブラック企業から逃れ、派遣スタッフの仕事を転々とした後に出会ったある活動に働く価値を見出そうと努める女性もいる。
非正規という働き方に深い葛藤を抱えながらも、敢えて前向きに自己と向き合おうとする彼女たちの実像とは――。

「負け犬」になりたくない

「就職氷河期」に直面して正社員での就職が難しく、学卒後に派遣会社で一定期間、研修を受けた後、派遣業務に就いていた森山薫《もりやまかおる》さん（仮名）に最初に取材したのは、2004年。ちょうど前年に刊行されたエッセー『負け犬の遠吠え』（酒井順子著）が注目を集め、同著で称された、30歳代以上の未婚で子どものいない女性である「負け犬」が、論争とともにブームを巻き起こしていた時期だった。

ちなみに同書は、経済的にも時間的にも余裕のある未婚女性の立場をユーモアたっぷりに自虐的に述べたうえで、そういう生き方を容認するというアイロニカルな手法を取った作品だ（キャリアと経済力を手に入れた女性についてのみ論じ、この章で触れているような収入の低い女性については言及していなかったため、一部から批判も浴びた）。著者の意向をそのまま受け取った読者の中には、「負け犬」というカテゴリーを与えられて安堵した30歳代以上の未婚女性がいたのも確かだ。だが、いつの間にか言葉が独り歩きし、メディアを介して一般大衆の間にブームとして浸透する段に至っては、誤読・拡大解釈され、女性の好ましくないライフスタイルという否定的な意味合いで使われることのほうが多くなった。

当時28歳の森山さんは、関西の短大を卒業後、大阪市内の派遣会社に登録し、派遣先企業としては3か所目となる繊維卸売り業の会社で事務を担当していた。女性の社会進出が進むなか、一見、時代錯誤のようでもある、一定年齢以上の未婚女性をネガティブに捉えたブームをどう見ているのかについて、話を聞くのが主な取材の目的だった。取材当日での対面での会話を重視するため、事前のメールや電話でのやりとりでは彼女の考え方はほとんど聞いていなかった。このため、就職活動時期が「氷河期」と重なったことへの同情が先に立ち、てっきり正社員登用を目指すなどキャリア志向で、昨今の「負け犬」ブームには怒りを覚えているのではないかと考えてしまっていた。それが安易な思い込みであったことに、取材開始後すぐに気づかされることになる。

襟なしの白のブラウスに、紺地に花柄のフレアスカート、黄色のカーディガンという可憐《かれん》な姿で待ち合わせ場所の喫茶店に現れた森山さんは、運ばれてきた紅茶をひと口飲んでから、軽く息を吸い込むようなしぐさをした後、こう話し始めた。

「やっぱり30歳を過ぎてせめて結婚はしていないと、女性としてどうかと……。だから、『負け犬』には絶対なりたくない、というのが正直な気持ちです」

「今の時代、女性が働いていれば、30歳を過ぎて独身というのは珍しいことではないと思うんです。森山さんは就職氷河期で学卒後から派遣でお仕事、ということは、ご自身の希望に反して不本意ながらもそういう雇用形態を選ばざるを得なかったのではないかと思うのですが……『負け犬』ブームに嫌なイメージなどは抱いていらっしゃらないのでしょうか？」

「奥田さんは収入のいい、正社員の独身キャリアウーマンやから、誤解されているのではないですか⁉」

「えっ？」

「だから、私の気持ちなんて理解できるはずないんやないか、って……あ、あのー、すみません……」

森山さんが声を荒げて怒りを露《あらわ》にしたのは、ブームについてではなく、私の思い込み取材に対してだった。

「いいんですよ。私こそ誘導質問のようなかたちになってしまって、すみません。どうか、森山さんの本当の気持ち、教えてもらえませんか？」

「私は30歳になるまでに、どうしても結婚したいと考えているんです。専業主婦になることが中学、高校、短大と進学していくにつれてどんどん思いが強くなった目標、夢です。だから、『負け犬』ブームが背中を押してくれて、逆に良かったと思っています」

森山さんの口調が落ち着きを取り戻すのを確認してから、さらに質問してみた。

「ただ、学卒時は、本来は正社員職に就かれたかったのではないのですか？」

「もちろんそうです。一般職を目指していました。総合職は、短大卒やからどうせ無理でしたけど、仕事頑張る感強過ぎて婚期逃しそうで眼中になくて。でも、当時から正社員の事務職採用が控えられて、派遣に取って代わっていましたから……。2か所目からは紹介予定派遣（最長6か月の派遣期間終了後、派遣先と労働者の合意に基づいて正社員などとして直接雇用される仕組み）を狙おうかとも考えましたが、結婚するまで一時期だけの仕事と考えると、低収入で不安定でも、気楽にプライベートな時間も確保できる派遣のままのほうがいいと思って、続けています」

結婚の〝期限〟まであと2年。感情的になった一部の場面は除き、全体的には穏やかで明るく、気遣いのある森山さんは、きっと希望を叶《かな》えるのだろう。その時は何の疑いもなく、そう思っていた。

非正規だから「いい出会いがない」

その後、私は当時勤務していた新聞社で突如として、所属部署（週刊誌編集部）のリストラに見舞われた。それまで何度も取材テーマとしてきた経営合理化のためのリストラ問題の深層を、身をもって知ることになるのだ。記者職を離れたり、地方に赴任したりする元部員がいるなか、新聞の編集局に戻って辛うじて記者は続けられた。だが、衝撃は思いのほか大きく、長年、会社の勤務時間外の休日などを使って行ってきた、本書のもとともなる一ジャーナリストとしての活動は、１年近く中断せざるを得なくなってしまう。

森山さんから予想だにしなかった苦悩を打ち明けられたのは、ジャーナリストとしての活動を再開してから１年余り過ぎた２０１１年のことだった。最初の取材の後、一度取材して以来、数年ぶりにかけた電話でのいきなりのインタビュー依頼にもかかわらず、快く受け入れてくれた。彼女は35歳になっていた。

週末を利用して東京から大阪を訪れた私に、取材場所のホテルの喫茶室に待ち合わせ時刻よりも先に着いていた森山さんは、「わざわざありがとうございます」と温かい言葉をかけてくれた。本来なら私のほうから先にかけるべき言葉だ。服装は幾何学《きかがく》模様の入った青地のワンピースに白のカーディガンとおしゃれに気を配っていることに変わりはなかったが、静《せい》謐《ひっ》な雰囲気を漂わせるなかで、こころなしか表情が冴《さ》えないのが気がかりだった。

事前のやりとりでは未婚であることは彼女のほうから教えてくれていたが、さすがに初《しょ》っ端《ぱな》から質問するのはためらわれた。差し障りのない雑談を交わしながら、どうしたらよいものか考えあぐねていた時、だった。

注文したショートケーキを少しだけ食していた森山さんが手を止めて顔を上げ、鋭い視線を投げかけてきた。ケーキ用フォークが皿の上に置かれた際のカチン、という音がまるで彼女の告白の始まりを告げる合図のようだったのを、今もはっきりと覚えている。

「前は、30歳までに結婚するなんて偉そうに宣言していたのに、とても恥ずかしいんですが……いい出会いが全然なくて……。今もそうですが、短大を卒業してからずっと派遣の非正規雇用なんで、だいたい2、3年ごとに職場を変わっていくから、社内で相手を紹介してくれそうな人を見つけることもできないし、そこまでの人間関係を築ける時間がないんです。学生時代の友人から、合コンの誘いもだんだんなくなってしまって……」

徐々にうつむき加減になり、いつしか視線がテーブルの上を不安げにさまよう。彼女は結婚に対して自信をなくしてしまっているようにも見えた。

「でも、30歳代で独身の女性は増えていますよ。『アラサー（30歳前後）』に変わって、今は

『アラフォー（40歳前後）』の独身女性がドラマでポジティブに描かれたりして、注目されるようになっているぐらいですから。いい結婚相手が見つかるのは、まだまだこれからですよ」

「そう、で、しょうか」

女性が低収入で結婚をためらわれる

ここで少し気になった。森山さんは「いい出会いがない」と独身でいる理由を語ったが、本当にそうなのだろうか。意気消沈している彼女には悪いが、さらに詳しく聞いてみた。

「森山さん、失礼ですが、この間に誰かお付き合いされた方はいらっしゃったのでしょうか?」

「…………」

「すみません。ただ、森山さんは自分から相手を探そうとされていて、コミュニケーション力もおありなので、出会いの機会そのものはあるんじゃないかと思ったのですが……」

「実は……短い期間ですけど、2人お付き合いした方はいました。1人は私が勤める会社に時々、出入りしていた納品業者の方で、もう1人は短大の同級生が幹事をしてくれた合コンで出会ったＳＥ（システムエンジニア）の方でした」

「どうして、結婚には至らなかったのでしょうか。話せる範囲で結構ですので、教えていただけませんでしょうか？」

「たぶん、お互いに……経済的な不安、が大きかったのではないかと思います」

　森山さんによると、これまでに短期間交際した男性２人はいずれも契約社員で、不安定な雇用状態にあったという。ただ、女性が相手の男性の収入や雇用形態を気にするのは当然ともいえるが、彼女は「お互いに」と言った。それはどういうことなのか。

「相手の男性の収入が低くて、正社員になる見通しもなくて、私に対して引け目を感じていたようだったのもありますけど、それ以上に私自身の経済力の低さ、やと思います」

「女性の側の経済力、というのは？」

「だから、今の時代、男性が結婚相手となる女性の経済力をあてにしているということなんじゃないでしょうか。私も彼らも両方が、相手の経済力が不安だったということです。学校を卒業したら数年働いたぐらいで早く結婚して専業主婦になりたい、なんて甘い考えを持っていたのがアホやったと思っています。女性も経済力が必要なんて思ってもみませんでした。バリバリ仕事ができて高収入のキャリアウーマンこそ、男性にはモテないし、結婚もできない、と敬遠していましたから」

そう言い終え、あさっての方向を見る森山さんの表情がどこか儚《はかな》げだった。

当時すでに、産業構造の変化などから雇用形態が多様化するなか、経済的理由から結婚に踏み切れない男性は増えていたが、女性も非正規雇用で収入が低いために、男性から結婚をためらわれるという事例に遭遇《そうぐう》したのは、このケースが初めてだった。

母親の介護と自らのパニック障害

2年後の2013年、37歳になった森山さんと思いもよらぬ場所で再会する。その場所とは、大阪府内の総合病院だった。その数年前から私の母親が内臓疾患を患い、体力が低下するにつれて介護が必要な状態になっていたのだが、週末ごとに関西にある実家に戻って世話をすることに限界を感じ、当時住んでいた東京へ呼び寄せて同居し、在宅で介護するために、医療関係者や介護事業者と慌ただしく面会を繰り返していた時期だった。

病院1階の会計受付前の長椅子に座って順番を待っていると、以前よりも痩せ細り、顔色も悪い森山さんがこちらにやって来た。2、3メートルの距離に近づいて、互いにすぐに相手を認識できたが、彼女の表情に瞬時にして戸惑いのようなものが浮かんだのがわかった。

「ご無沙汰しています。お元気ですか？　今日は、どこかお悪くて来院されたのですか？」

「…………」

「失礼しました。詳しくはお話しにならなくても結構ですよ。私は母親の具合が悪くて、介護もしているんですが……」

「介護？」

森山さんは即座に反応した。そうして、こう続けた。

「私の母親も1年ぐらい前から足腰が急に弱ってきて、ある時玄関先で転んで腰骨を骨折したのをきっかけに介護が必要になってしまいまして。今のところ内科的な病気はないんですが……。父親はもう他界していて、きょうだいもいませんから、肉親は私だけなんで、母親を自宅で介護しているんです」

「お仕事はどうされているんですか？」

「相変わらず派遣、です。一時は正社員での採用を目指し、働きながら通信講座で簿記3級の資格を取得して就職活動もしていたんですが、やっぱり学卒後から非正規だととても難しくて……。そうこうしているうちに母親が要介護状態になってしまったので、結局、介護との両立は難しいと正社員での職探しは諦めました。でも、派遣だと収入が少ないから、仕事に出ている時に家事サービスを十分に受けることができなくて……」

「そうでしたか。要介護者に同居家族がいると、生活援助（家事援助）のサービスは保険外になってしまいますから、料金がかさみますよね。いろいろと大変ですね」

唯一の肉親である母親を介護しているという共通点があることを知り、心身に過度な負担を与え兼ねない介護の過酷さを痛いほどわかっているだけに、深い共感が急速に私の心を支配する。どうも結婚はしていなさそうだった。それにしても、母親に内科的な疾患はないということなら、今回の来院は森山さん本人の治療ということになる。調子が悪そうな彼女に気を遣いながら、少しずつ問いかけてみた。

「森山さん、さっきから気になっていたのですが、顔色があまり良くないので……。介護疲れか何かですか？」

「………」

「どうかお身体には気をつけてくださいね。私も介護があまりにも大変で、体調を崩したことがあったので」

「い、い、え」と、森山さんはそれまで伏し目がちだった視線を少し上げ、消え入りそうな声でつぶやいた。彼女は何かを打ち明けたがっている。そう直感した。

「せっかく久しぶりにお会いできたんです。場所を移して少しお話ししませんか」

森山さんは静かに頷《うなず》いた。そして、病院内の喫茶室で話を聞くことになった。彼女が「いいえ」と否定したのは、自身が通院している病の原因が母親の介護ではない、という意味だったのだ。彼女が患っていたのは、パニック障害だった。

森山さんの話によると、派遣で勤めている大阪市内の会社に向かう混み合った電車内で、いつものように立ったまま、好きな小説の文庫を読もうとすると、文字がかすんで読み進めることができない。つり革をにぎった左手から力がすっと抜けていくのを感じると同時に、心臓が急速に高鳴って息苦しくなり、車内の床にくずおれてしまった。そのまま救急車で病院に運ばれ、点滴や投薬の応急処置で症状は一時的に回復したが、救急医の勧めで後日受診した精神科で、パニック障害と診断されたという。それから2週間に1度通院して投薬治療を受け始めてから3か月経ち、症状は快方に向かっているという。

「婚活」で男性不信に

仕事にも母親の介護にも真面目に取り組んできたであろう森山さんがなぜ、突如としてパニック障害を発症してしまったのか。彼女は一言ひと言、紡ぎ出すように話してくれた。

「実は……どうしても結婚して、『負け犬』から抜け出したくて、結婚情報サービスに入会したんです。世の中で広まっている、結婚したければ、自分から積極的に行動しなければいけない、っていう『婚活』ブームに背中を押されたのかもしれません。でも……そこでの活動が悲惨で、もう疲れ果ててしまって……。結局、男性不信になってしまっただけでした」

森山さんが入会したのはインターネットを介した結婚情報サービスで、いわゆる「出会い系サイト」とは異なり、男女ともに独身証明書や収入を示す給与明細などの証明書の提出が必要で、入会金約5万円、月会費と見合い一回ごとの費用がそれぞれ1万円、という対面型の結婚相談所に比べると安価な料金体系だった。

そこで数人の男性と見合いをし、そのうち2人と「交際」(見合い後に双方が継続して会いたい意向を示した場合)に発展したが、結局、いずれの男性とも2、3回会って食事をしただけで彼女のほうから断ったのだという。

森山さんの表情が、急速に青ざめてゆく。いったん取材の中断を提案するが、それでも彼女は意を決したように、私からの質問を待たずにこう続けた。

「その結婚情報サービスでは、『交際』が始まって6か月以内に、一対一の『正式交際』に進むかどうか、双方の合意で決める仕組みやったんですが、逆に正式交際になるまでは複数の相手とお見合いしたり、交際したりしても問題はないんです。もちろん、私は2人の男性とは、それぞれの期間はその人だけと交際して、他の人とお見合いもしていませんでした。それやのに……私と交際中に、複数の女性とお見合いや交際を繰り返していることを知ってしまって……もう頭が、混乱、して、し、ま、って……」

彼女は言葉を失い、首《こうべ》を垂れた。

「婚活」での心労が、心に不調をきたす原因になったのではないか。そう精神科の医師から、カウンセリングを受けた際に告げられたという。

仕事、結婚、子「ない」圧力に嫌気

2017年、41歳で独身の森山さんは、派遣の仕事と在宅での母親の介護を続けながら、1年ほど前から新たな活動を始めていた。母親が訪問介護サービスなどを利用している地域の介護施設で、レクリエーションのボランティアとして週に1回、昔遊びやおとぎ話の読み聞かせなどを行っている。ボランティアの活動日は母親が同じ施設でデイサービスを受ける日で、母親もレクリエーションを楽しむ1人だ。

前回の取材以降、森山さんとは2度、面会して話を聞いていたが、私自身も転職して関西に移り、互いに環境が変化したなかでの再会には、感慨深いものがあった。さっそく今の心境を明かしてくれた。

「母が介護の必要な状態になった時はショックやったし、今も心身ともに疲れてはいますけれど、それをきっかけに介護施設でボランティア活動をすることになりました。お年寄りが笑顔になってくれはるのはうれしいし、こんな私でも少しは必要とされているんじゃないかと思える。自分は自分でいいんじゃないか、って少しずつですけど思い始めているんです。母の近くにいて世話をできていることも、なんか幸せやなあと思えるようになってきて……非正規やから母の体調が急に悪くなった時などに仕事を休ませてもらうなど、ある程度融通も利きますし……」

彼女のすがすがしい笑顔に接し、オブラートに包むことなく、単刀直入に質問してみた。

「今の『女性活躍』推進の動きについて、どう感じていますか?」

「『(非正規で) ろくな仕事もしていない』『結婚もしていない』『子どももいない』くせに——って、世間から非難されているようで、ほんまに嫌です。『女性活躍』の裏返し、その基準から外れているのが私でしょ。中には自分の意志で正社員を、結婚を、出産を、選んでいない女性だっていると思います。それやのに、正社員で働いて、結婚して子育てもして、出世までして……って、たくさんある中のほんのひとつでしかない、ごく一部のエリート女性の生き方を押しつけるなんて、ひどいです。疎外感があるし、全く別世界のことですね。怒りよりは、呆《あき》れてものも言えない感じです。でも……でもね、私はないものづくしですけど、今の生活にはそれなりに満足しているんですよ」

そう言い終え、どこともなく遠くを見やる森山さんの横顔が、とても凛々しく感じられた。

2　処遇よりも、やりがい

待遇重視で不本意就職

学卒後に正社員職に就きながらも、結婚を機に退職し、その後のライフスタイルの変化で再就職した非正規職で、ようやく働く意味を見出した女性もいる。

北関東の中堅メーカーの広報部門に、総合職として勤務していた村木紀子《むらきのりこ》さん（仮名）に出会ったのは、２０１０年。少子化対策が重要政策課題として挙げられ、「ワーク・ライフ・バランス（仕事と生活の調和）」という言葉・概念も少しずつ社会に浸透し、企業も仕事と家庭の両立支援策に本腰を入れ始めた頃だった。一方で、今も依然として続く、第１子出産を機に女性の約半数が離職するという現実もあった。働く未婚女性が結婚、出産後の就業をどのように考えているのかを聞くのが、当初の取材の目的だった。

東京の私立大学を卒業後、地元に戻って就職した村木さんは、当時27歳だった。本題に入る前のウォーミング・アップのようなつもりで職務内容に質問を振ったのだが、広報を担当してからまだ1年余りにもかかわらず、彼女は売れ筋商品について、アピールポイントをすらすらと実にわかりやすく説明してくれた。仕事に対して真面目で一生懸命に取り組み、充実しているような様子がひしひしと伝わってきたのが印象的だった。

結婚について質問する前に、今の仕事に就いたきっかけを尋ねると、間髪を容《い》れず意外な答えが返ってきた。

「本当はやりたくない仕事で、不本意就職だったんです。最後の最後まで、正社員という待遇面の良さか、自分が望む仕事内容か、で悩みに悩んだんですが……結局、正社員のほうを選びました。就職氷河期といっても終盤だったと思うのですが、私にとってはとても厳しくて60社ほど受けたのですが、散々な結果で……。就きたかった仕事というのは、奥田さんのような記者。第一希望は出版社に入って雑誌を担当することでした。でも、小さな出版社の契約社員での内定しかもらえなくて、将来的に正社員登用の可能性も低かったので。親も、絶対に安定したメーカーの正社員のほうがいいと言い張りましたし……。だから、取材をお受けしたのは、記者さんの仕事を間近で見てみたかったというのもあったんですよ」

村木さんはそう一気に説明すると、口を付けていなかったアイスティーをグラスの半分近く飲んだ。彼女は、コミュニケーション力に優れ、初対面の人とでも臆《おく》することなく交流できる社交性の持ち主のようだった。実は人見知りで取材活動には人一倍、努力を要してきた自分よりも、ずっと記者に向いている。内心そう思ったのを鮮明に記憶している。結婚や出産について尋ねると、「あまり遅くならないうちに結婚して、2人は子どもが欲しい。もちろん、理解ある旦那さんを選んで、仕事は続けますよ」とはっきりと言って、お茶目な笑顔を見せた。村木さんの会社でも両立支援策が進んでいて、彼女は、先輩にお手本となる女性、つまりロールモデルがいないのが少し不安ではあるが、会社の制度を十分に活用して仕事も家庭生活も頑張りたい、と元気に言い切った。働く女性の良い見本になってくれるのではないか。そんな期待を抱かせてくれる話しぶりだった。

第一希望の記者にはなれなかったが、メーカーの広報という職務はマスメディアとも密接に関わり、情報を伝え広めるという意味では類似した仕事だ。「不本意就職」とは言いつつも、就職の経緯について語る村木さんがあっけらかんと明るかったこともあり、当時、私は彼女が今の仕事にある程度、満足しているのだと思い込んでいた。

結婚に「逃げた」ものの……

〈ご無沙汰しています。お元気ですか。私は大きく環境が変わりました。久しぶりにお茶でもしながら、お話ししませんか?〉

そんなメールが届いたのは、2014年のことだった。最初に取材して以降、何度か面会を申し込んだのだが、仕事の慌ただしさを理由に断られ、いつしか交流が途絶えてから3年余りが経過していた。すぐに電話を入れると、取材というかたちで話を聞いてもらっていい、という。電話では、勤めていた会社を辞めて求職中であることを明かしてくれたが、それ以上、本人から近況についての説明はなく、こちらから詳しく聞くのは敢えてやめた。

このように取材対象者から話したいと逆にアプローチがあり、かつその内容がメールや電話では打ち明けにくいとなると、それまでの経験を踏まえると、深刻な状況にあるケースも少なくなかった。急いだほうがよいと即決し、1週間後、週末を利用して村木さんが暮らす北関東の自宅近くのファミリーレストランで会うことになった。

31歳になっていた村木さんは、白シャツにベージュのスキニーパンツ、黒のカーディガン姿で現れた。以前の明るい笑顔は鳴りを潜《ひそ》め、どことなく表情に影が差している。服装も、週末なのでカジュアルな装いが自然ではあるが、カーディガンから見える胸元のシャツのしわが目立つなど全体的に暗い印象を受け、少し戸惑ったのを思い出す。

改めて連絡をもらったことへのお礼を述べると、村木さんは視線を合わすのをさりげなく避け、口元にうっすらと笑みを浮かべた。が、目は笑っていなかった。

「会社を辞められたとお聞きして、正直、驚いたのですが……以前会ってお話を伺った際には、生き生きと仕事に取り組んでおられたように見えたものですから……」

「ああ、あの時は確かに、そうだったかもしれませんね……」

「その後、どういう経緯で退職することになったのか、可能な範囲で教えてもらえませんでしょうか?」

「実は……結婚を機に退職し(て)……」

「そうだったんですか。おめでとうございます」

思わず「結婚」という言葉に敏感に反応し、本来は取材相手が話し終えるのを待つべきところ、言葉尻を遮《さえぎ》るように口走ってしまった。

村木さんの表情が瞬《また》く間に曇る。

「いえ、その後がまだありまして……。結局、半年ほど前に別れてしまったんですが……」

「あっ、それは……すみません」

「いいえ。結婚も離婚も、ご報告していませんでしたし……。結婚時は、今どき〝寿退社〟なんて、と自分でもちょっと気が引ける面もあって……」

「じゃあ、どうして結婚で退職を……。いえ、それも女性にとってはひとつの選択ですが……繰り返しですみませんが、前回お会いした時の村木さんは広報の仕事に意欲的でしたし、結婚後も仕事を続けたいとおっしゃっていたので」

「……逃げたんですね、結婚に」

「えっ？　どういうことでしょうか」

「本当のことを言うと、会社の仕事には満足していたわけではなかったんです。それでもまだ、広報を担当していた時は、もともと志望していたマスコミとの接点もあって、それなりに前向きに取り組んでいたつもりだったんですが……。その後──奥田さんから取材の申し込みを受けた時には言いそびれてしまいましたが──営業に異動になって、体力的にもきついし、何よりも決められたノルマを達成しなければならないという精神的プレッシャーがつらくてしょうがなくて……。異動になる１年ほど前からお付き合いしていた男性がいて、じゃあ、結婚すれば、時代遅れな感じはあるけれど、表向きは正当な理由で嫌な仕事から逃れられると、安易に結婚を選びました」

広報から営業への異動は、総合職の村木さんにとっては、将来的な管理職昇進も視野に、職務経験を積む貴重なキャリア形成のプロセスといえるだろう。以前は結婚後の就業継続の強い意思を示していただけに、営業という職務から逃れるために結婚を選択した、とあからさまに話す彼女の真意を推しはかることができず、どこかやるせない気持ちになった。

出産後に心も身体も交われず

しかし、結婚生活は2年余りしか続かなかったという。

「差し支えなければ、離婚された理由を教えてもらえますでしょうか?」

村木さんは苦悶の表情を浮かべたかと思うと、うなだれて頭をガクッと落としたまま、押し黙ってしまった。質問されることはわかったうえでこの場に来てくれたはずだが、やはりいざ心情を明かす場面を迎えると、胸の奥底から込み上げてくる負の感情を抑えられなくなったようだった。

打ち明けてくれるのをひたすら待つ覚悟を決めながらも、そんな彼女の姿を見続けているのがつらくなり、一瞬、視線を外して窓から外の景色を眺めようとした、その時、彼女の深いため息が聞こえ、即座に顔を戻す。彼女の目は充血していたが、こちらをしっかりと見つめている。そうして、こう告白してくれたのだ。

「長女を出産した直後から……そのー、セッ、セックスレス、だったんです……」

「失礼ですが……セックスレスについて、何か思い当たる理由はあるのでしょうか?」

「子どもを１人授かってから、夫は……いえ私も……夫婦ともに最低限行わなければならない役目を果たしたような気持ちになってしまったんじゃないかと……。出産するまでは夫婦仲は良いほうだと思っていましたが、それも表面的なことで、実際には互いに心を閉ざして、深くぶつかり合うことができていなかった。だから、だんだんと会話も減って、身体でも交わることができなくなってしまったんじゃないかと思います。夫から女性として、妻として認めてもらえていないような気がして、もう耐えられなくて……。私から離婚を切り出しました。娘の親権は私が持ち、慰謝料も養育費もなし。別れてからは娘との面会も拒否して一切交流していません。安易に結婚を選んだ罰が当たったのかもしれませんね」

身体以前に互いの心が離れるという夫婦関係の溝は、気づいた時には手遅れの場合も多く、深刻だ。彼女のあまりに苦しそうな表情を目の前に、話題を切り替え、職探しの状況について尋ねてみた。

「前の会社では実績をアピールするだけの仕事をできていなかったですし、無職期間があることもマイナス要素となって、採用に至る会社がまだありません。正社員は難しいので、今は契約社員で探しているのですが、それでもなかなか……」

村木さんはそう話し終えると、ぼんやりと窓の外を眺めた。

〝官製ワーキングプア〟経て非正規でやりがい

現在、34歳の村木さんは、東京の編集プロダクションに契約社員として勤務している。スーパーでアルバイトをしながら半年間、通信講座で校正技術を習得し、1年余り前から大学時代以来となる東京での生活をスタートさせたのだ。

待ち合わせ場所の喫茶店に現れた村木さんは、出会った当初の頃のようにはつらつとした様子に見えた。開口一番、「今、ある業界団体の広報誌作りを担当しているんです」と話し始めた。出会った頃と同じように、挨拶もそこそこに仕事の話から会話を始める。本来の彼女らしさが戻ったように見受けられた。

「従業員十数人の小さな編集プロダクションで、学生時代に夢見ていたような人気雑誌の編集とは全く異なる世界ですが、それでも今やっと、本当に自分のやりたい仕事に就けている気がしているんです」

村木さんはすがすがしい表情でそう言い切った。

ただ一方で、気になることもあった。一人娘を抱えたシングルマザーでの非正規雇用であることだ。元気を取り戻した今の彼女であれば、きっと率直に答えてくれると確信し、こう質問してみた。

「失礼なんですが、お嬢さんを1人で育てながらの契約社員という雇用形態については、どう捉えていらっしゃいますか？」

「うーん、好ましくはないですよね。今の会社では、正社員登用の可能性は低いだろうし、契約を更新してもらえるかどうかさえもわかりませんから、雇用が不安定で賃金が低いというのは……。ただ、この前の非正規職に比べると、処遇も少しはましですし、やっぱり仕事の中身にやりがいがあるのが、大きな違いだと思うんです。娘は……実は今、実家に預けているんです。早いうちに東京に呼び寄せたいのですが、勤務時間も長くて不規則だし、カツカツの生活なのでまだ無理で……」

　村木さんは編集プロダクションに採用される前、大学時代に取得した資格を生かして、地元・北関東の公立図書館に約1年半、非正規雇用で働いていたのだという。当初は自治体と直接、雇用契約を結ぶ非常勤職員だったが、途中から自治体が図書館業務を民間企業に委託したため、今度は委託された企業に非正規社員として雇用されるかたちになり、さらに給与など処遇が悪化したらしい。

　安定した職業のイメージの強い公務員の中でも非正規で働く職員が広がっており、〝官製ワーキングプア〟と呼ばれる人たちが増えている。村木さんも今の仕事にたどり着く前の非正規雇用では、劣悪化する雇用環境に働くモチベーションを失ってしまったようだった。

女の人生は計画が立てられない

「正直、非正規で経済的に厳しいままで、かわいい娘と離れて暮らさなければならないのは、将来が不安です。でも、不幸でかわいそうと見る人もいるかもしれませんが、正社員という待遇にこだわって望まない職業に就いたり、ただ嫌な仕事から逃れるためだけに結婚退職したりしてきた経験からすると、好きな仕事に就くことができて、今とても充実しているんです。それから……」

村木さんは最後の言葉を濁した。何か言いたそうだが、うまく言葉にならないようだ。わずかな沈黙の後、こう続けた。

「奥田さん、女の人生って、全然、計画通りにいかないと思いませんか？　それ以前に、計画そのものが立てられない、ということかもしれませんね。だって、就職や人事異動、退職、それにプライベートでは結婚、出産、離婚とか、その時々の状況によって、自分自身の仕事や家庭に対する考え方が絶えず揺れ動くんですもん」

最後に今後の仕事と再婚について、質問してみた。

「今のところは仕事に集中して経験と実績を積んだうえで、編集の正社員職で他の編集プロダクションや出版社での採用を目指してチャレンジしてみたいと思っています。再婚については、まず娘と同居できるようになってから考えることですが、もう仕事からの逃げ場には決してしたくありません。もし再婚しても、仕事は続けたい。でも、再婚して夫になった人の子どもが欲しくなったら……非正規職では現実問題として、制度はあっても育児休業などを利用するのは難しそうですし……。自分でもこの先、仕事など環境面と、その都度変化する気持ちなど心理面の両方で、どうなるのかわからず堂々巡りで……本当に難しいものですね」

村木さんはそう言い終えると、深いため息をついた。だがその瞳は、まだ見ぬわが人生への期待で輝いているようにも見えた。

3　社会貢献活動で自分と向き合う

ブラック企業で使い捨てにされる

正社員職で新卒採用された会社で長時間労働やパワハラに遭い、心の病を患って退職した女性は、その後、派遣の仕事を転々とした末にＮＰＯの仕事にたどり着いた。今も不安と格闘しながら、前向きに仕事に取り組もうと努めている。

東北地方に暮らす田島今日子《たじまきょうこ》さん（仮名）には約10年前、職場のメンタルヘルスに関する取材で出会った。現在では、労働生産性に悪影響を与えるものとして、いずれも従業員の心身の不調による、アブセンティズム（欠勤や休業を繰り返す状態）や、プレゼンティズム（出勤していても業務に支障をきたしている状態）が問題視されるようになった。特にうつ病などメンタル不調による休業者の増加は、生産性の低下ほか企業損失ばかりか、社会的経済損失をも招くとして問題となり、企業は相談窓口の設置や休業制度、復職支援策を充実させるなど、メンタルヘルス対策に力を入れている。だが、田島さんに最初に取材した２００7年時点で、職場でのメンタル不調者はじわじわと増加していたものの、今のように表面化しておらず、企業の対策も一部の大手企業を中心としたものにとどまっていた。

当時26歳の田島さんは、新卒で入社した会社の劣悪な労働環境が原因でうつ病を発症し、一時期休業して治療に専念したものの、退職を余儀なくされた。職場のメンタルヘルスを端緒に取材を進めるなかで、過重労働やパワハラなどで従業員を使い捨てにする、今でいう「ブラック企業」の悲惨な実態にたどり着いたケースだった。現在ようやく社会問題として取り上げられるようになったが、当時は「ブラック企業」という言葉もまだなく、泣き寝入りをせざるを得ない労働者が今よりもずっと多かったのだ。

出会った時は会社を辞めてから1年近く過ぎていたが、求職活動もまだ始められていない状態だった。うつ病はほぼ治った状態というものの、時々不安に見舞われるため、精神安定剤はまだ手放せないという。田島さんにはこの3か月ほど前からアプローチを始めたのだが、こちらが予想していたよりも早く、取材に応じてくれた。体調は大丈夫なのか、と電話で念を押すと、「記憶が曖昧にならないうちに、できるだけ早く話を聞いて記録してもらって、いつか必ず世の中に訴えてもらいたいんです」と語気を強めた彼女の言葉が、今も耳から離れない。

取材場所のビジネスホテル内の喫茶室に姿を見せた田島さんの顔色は優れず、それを隠すためだったのかもしれないが、真っ赤な口紅の色が余計に顔の青白さを際立たせていた。

　田島さんは地元の東北の大学を卒業後、飲食店チェーンを展開する会社に一般職として入社した。その会社では女性は一般職のみ、男性は総合職のみという、男女雇用機会均等法に抵触する、性別で固定されたコース別採用が行われていた。もともと親元を離れたくないという思いが強かったため、就職活動では、総合職に比べると、転勤がない代わりに給与が低く、昇進のスピードも遅い一般職に絞って採用試験を受けたという。

　入社して3か月を経た頃から、営業事務の職務にもかかわらず、男性の総合職と同じように営業の外回りをさせられ、長時間労働を強いられて残業代もろくに支払われない。さらに、そのことを上司に相談すると、逆にパワハラに遭った。彼女が勤めていたのは、典型的なブラック企業だったのだ。

　田島さんは運ばれてきたホットミルクに口も付けずに、こう話し出した。

「『女性でも採用してやったんだから、何でも言われたことはありがたいと思ってやるんだ』『お前は本当に何もできない、役立たずだな』と、上司から所属する部署だけでなく、同じフロアの人たちみんなに聞こえるぐらいの大声で、何度も繰り返し怒鳴られました。明らかな差別発言でパワハラ、セクハラだし、一般職の給与で総合職と同じ、いえ総合職以上の仕事量をさせられていることは許されない。自分でもわかっているんですが、そう言われ続けながら休む暇なく仕事をしていると、最初は少しは異議も唱えていたのに、だんだん感覚が麻痺《まひ》してきて……。不思議なんですが、上司に意見することも、非常に理不尽な労働環境であることを自覚することさえ、できなくなってきたんです。それで……そのー、あぁー」

田島さんは当時の過酷な状況がフラッシュバックしたのか、苦しそうに荒い息をしながら、両手で顔を覆った。

「大丈夫ですか？　少し休みましょうね」

「いいえ、大丈夫です。続けさせてください。そうこうするうちに……ぼーっとして仕事に全然集中できなくて、取引先との打ち合わせ時刻に遅刻したりするなど単純ミスを繰り返すようになって、気持ちが滅入《めい》って無力感や絶望感を感じるようになってきて……。なぜだかそれでも出勤しようとする私を、（同居している）両親が必死になって止めてくれて、心療内科のクリニックに連れていってくれたんです。それで……うつ病、と診断されました」

会社には父親が連絡を入れ、診断書を提出して約1か月休職することになった。当初、会社側は病気は仕事が原因ではなく本人の性格的な問題で、出勤できないなら会社が不利益を被《こうむ》るだけ、などと休職ではなく退職を求めたというが、弁護士に過酷な労働環境やパワハラを相談したことを告げると一転、休職を認めたという。病状は快方に向かったものの、田島さんはもう二度と会社に戻ることはなかった。結局、自主（自己都合）退職のかたちとなり、本人曰《いわ》く「逃げるように」会社を去ったという。

「私のように結婚、出産前でも転勤は避けたい、まして子育てをしながらとなると、残業で長時間労働を強いられるような、男性と同じ働き方はしたくない、と考えて一般職を選ぶ女性は多いのではないかと思います。会社はそうした女性特有の事情をうまく利用して、総合職よりも安い給与の一般職で女性を採用してこき使い、精神的に追い詰めた挙句、使いものにならなくなったらポイ捨て、です。絶対に許されることではありません」

話の途中、息が荒くなるのを必死にこらえながら、彼女はそう最後まで言い切った。

震災で突然の解雇

それから田島さんと再会するまで、４年の歳月が流れる。時間がかかってしまった背景には、私自身が激変する職場環境を経験したことで、過重労働やパワハラによって職を失いながらも、職場の矛盾を世に訴えたいと願い、懸命に生きようとする田島さんと、取材者として冷静に客観的に、真正面から向き合う自信がなかったことが大きかったように思う。

そんな私を突き動かしたのは、２０１１年３月に起きた東日本大震災だった。震災から３か月ほど過ぎた頃、東北に暮らす当時30歳の田島さんに連絡を取ったところ、派遣スタッフとして勤めていた機械部品製造会社から契約期間終了前の解雇をいきなり、言い渡されたという。会社自体は工場の一部の壁や機械が破損した程度で１か月も経たずに再稼働できたのだが、彼女への解雇理由の説明では、主要な取引先企業が深刻な被害を受け、経営が悪化したため、ということだったらしい。

さらに１か月後、私は震災復興ボランティアとして活動する田島さんのもとを訪ねた。週末２日間を利用して東北入りし、初日は丸１日、彼女とともに被災地でボランティアを務めた。彼女が両親と暮らす実家は外壁が少し壊れた程度で、家族や友人らの人的な被害はなかったという。解雇されてから数日後にはボランティア活動に参加し始めたという彼女は日焼けし、最初の取材時の弱り果てた表情とは打って変わり、健康的に見えた。様々な地域から訪れたボランティアたちと十分にコミュニケーションを図りながら、活動内容を振り分けるなどする任務をてきぱきとこなしている姿は、たくましくさえあった。

２日目も終日ボランティア活動があった田島さんだが、午前中の２時間を取材のために割いてくれた。初日は彼女とともに活動に集中するため、暗黙の了解で彼女の近況などを聞き出すことは一切しなかった。いよいよ取材の時を迎え、落ち着いて質問し、彼女の思いをしっかりと受け止めなくては、と改めて己に強く言い聞かせたのを思い出す。

テント一枚が張られたボランティアの取りまとめ役スタッフの詰め所となっている屋外で、折り畳み椅子に横並びになり、取材は始まった。

「機械部品の製造会社から突然、解雇されたということで、大変でしたね」

単刀直入に尋ねてみた。

すると、田島さんは暗い表情どころか、決して作りものではない自然な笑顔を見せ、こう話し始めた。

「しょうがないですよ。多くの人が犠牲になったとても惨《むご》い災害だったんですから。実は、それまでも……前に奥田さんに会った直後ぐらいから、やっぱり仕事に就かなくてはと思い直し、必死になって再就職活動に取り組んだのですが、正社員職には就けなくて……。派遣の仕事を転々として、自分が何なのか、それに働き、生きている意味さえわからなくなった時期もあったので、あの頃に比べたら、今無職でもボランティア活動を通じて震災復興のために誰かの役に立てているというのは、自分の気持ちを前向きにしてくれるんです」

日の光が田島さんの頬を照らし、さらに表情が生き生きとして見える。

「派遣は人間として扱われない」

「機械部品の会社の前は、どのようなお仕事をされていたのですか？」

「いくつかのメーカーの工場の派遣スタッフで、事務職です。もちろん、同じ会社で契約社員、さらに正社員として長く働き続けられることをずっと希望してきましたが、いずれも契約更新が行われずに雇い止めとなってしまいました。特にあのリーマン・ショックが起こった時はひどくて、年末から半年ぐらいは働き口を失ったままでした。まず週に３日程度の弁当屋でのアルバイトをしながら職探しをして、その後はまた派遣の仕事を渡り歩いて、震災直後に解雇された機械部品の会社にたどり着いたのですが……」

リーマン・ショックが起こった２００８年の大晦日《おおみそか》から２００９年の年明けにかけて、製造業などで雇い止めや解雇など「派遣切り」に遭い、派遣会社の寮を退去させられて行き場を失った大勢の男性たちが東京の日比谷公園に設けられた「年越し派遣村」に集結し、社会に衝撃が走った。リーマン・ショックで最も大きな打撃を受けた製造業の派遣で働く人、イコール男性、のイメージが強いが、実際には派遣切りの被害者は男性だけではない。女性の被害者も多く出ていたのだ。

学卒後に就職した会社が「ブラック企業」で、様々な不当な処遇を受けた田島さんにとって、その後の派遣業務は、仕事の理不尽さをなおも身をもって知る苦い経験となったようだ。

「非正規労働者が雇用の調整弁だ、などとよく言われますけど、確かに難しい言い方をすればその通りなんですが、これって実体験していない学者の先生とか専門家が、上から目線で言う言葉ですよね。実際には、それ以前に、派遣なんて人間として扱われないんですから。工場だったら次から次へと流れていく商品、と同じというか……。あっ、商品のほうがずっと重要ですよね。ビジネスの主役ですもんね。う、ふっ、ふふふ……」

派遣が人間扱いされない、という非常に厳しい表現をしながらも、彼女は最後に笑い飛ばした。それは、冷笑でも苦笑でもなく、当事者である自分自身を遠くから俯瞰しているようだった。

NPOの仕事で「前進」

田島さんは今、東北地方にある不登校や引きこもりなどで通常の学校、職業生活を送ることのできない青少年の自立を支援するNPO法人の常勤職員として働いている。ずっと実家暮らしを続けていたが、このNPOへの就職をきっかけに1人暮らしを始めた。家計や家事など基礎的な暮らしを両親に依存してきた状態から独立し、「敢えて厳しく孤独な環境に身を置きたかった」という。

前回の再会から1年後に1度会って取材をし、その後は電話やメールで定期的にやりとりは続けていたのだが、ぜひ彼女の近況と東日本大震災の被災地復興の様子をこの目で確かめたくて、5年ぶりに面会を果たした。

田島さんは「せっかく大阪から来てくれたんですから、取材の前に被災地のその後を見てください」と、仕事の夏季休暇を利用して2日間の日程で訪れた私を自身の車で案内してくれた。以前彼女とともに1日だけボランティア活動を行った地域は、道路が舗装され、市街地再開発事業によって町並みが整然と整備されていた。

「ご覧になってどうですか？　前に見てもらった震災直後、その1年後と比べると、見違えるぐらいきれいになったでしょう。震災前の町の面影を探せないぐらい。でも……整備されればされるほど、悲惨な震災の被害が他の地域の人たちから忘れられてしまうようで、時々不安になるんです。道路や町並みなんて表面的なものでしょ。被災者のいまだ癒《い》えない心の傷とか、かたちには見えないところで今も苦しんでいる人はたくさんいるんです。震災発生から6年以上も経つと、役所の人も変わるし、新たに赴任した新聞記者さんだって復興の経緯をちゃんと知らなくて一から聞いてきたりして……。被災者の気持ちを理解して、必要なことを行政とかに訴えていくのは、やはり私たち地元の人間の役目だと思っています」

田島さんの話を聞いていて、1995年1月に起きた阪神・淡路大震災のことが頭をよぎった。阪神・淡路大震災では自らも被災し、将来を誓ったかけがえのない人を亡くした私は、同じように苦悶しながらも懸命に生きようとする被災地の人々の勇気と優しさに支えられ、新聞記者として被災地を取材して回ることができた。その後関西を離れた後も、震災から5年後、10年後など節目の年に神戸などを訪れて被災地の人々と町の今を取材してきたが、震災の出来事自体が他の地域の人々やマスメディアから忘れ去られてしまうのではないかという不安を抱えている地元住民は少なくなく、彼女の言葉に強い共感を覚えたのだ。

田島さんは、かつて経験したパワハラや過重労働の話を聞いた際にも感じたが、正義感が強い。さらに、困っていたり弱っていたりしている人たちを救いたい、という貴い思いを抱いて行動できる人だ。そんな彼女には、NPOでの職務は向いているような気がした。

取材場所として、田島さんが勤めるNPOの事務所内の3畳ほどの打ち合わせ室を貸してもらった。NPO就職までの経緯について尋ねると、彼女は感慨深げに話してくれた。

「震災を経験するまでは、派遣の仕事にほとほと疲れ果てて、自分が働く意味すら見出せていなかったことは前にもお話ししましたよね。あの惨たらしい震災が起こって、すごく悲しかったけれど、目の前の現実を受け入れて、自分にできることなら何でもいいから、被災した人たちの役に立つことをしたい、と心から思ったんです。震災復興のボランティア活動に参加できたことは、働く意義を改めて前向きに考え直すきっかけを与えてくれました。今も、休日などに震災復興ボランティアは続けているんですよ」

震災後の前回までの取材で、派遣の仕事を解雇された心痛は相当であったはずにもかかわらず、憔悴《しょうすい》し切った様子は見られず、むしろ元気で明るく見えたのは、そうした心境の変化があったことを初めて知る。

「震災復興のボランティアを続けながら、困っている人たちを助けることのできる仕事に就けないかと、いろいろと人づてに再就職先を探していたんです。そうしたら、ボランティア活動の実績も評価してくれて、誘ってもらったのが、このＮＰＯだったんです。それまでと違って自分自身と向き合えている感じがあるのは、私にしては大きな前進だと思っています」

やりがいと低賃金の狭間で

話を聞いている限りでは、田島さんは不登校などで学校や社会とのつながりがいったん、途絶えた青少年の自立を支援するというＮＰＯの仕事に、充実感を抱いているようではあった。だが、それも取材者の推測に過ぎず、どうしても本人の言葉で確認したかった。

「田島さん、改めて伺うのも何ですが……今のお仕事についてどのように感じていますか？」

「……まあ、うーん、そうですねえ……」

思いがけず、彼女は口ごもってしまう。合いの手を入れず、ただひたすら次の言葉を待った。沈黙は５分近く続いた。ふいに天を仰いだかと思うと、今度はうつむいて両手のひらをまるで手相占いでもするかのように凝視するなど、彼女にしては珍しく落ち着きに欠いた様子を見せた。そうして、こう本心を明かした。

「そりゃ、少しは人の役に立てていると実感できる点では、充実していますよ。でも、やりがいがあるから、低い賃金でもいい、というのは……自分の働きぶりを敢えて低く評価して、さらには自己否定につながり兼ねない気がして、どこかやるせない気持ちになるんです。ＮＰＯ法人の常勤職員とはいっても、派遣の時の賃金とそう変わりませんから。やはり、自分が働いた仕事の価値に見合った報酬が支払われるべきだし、そういう点からすると今の賃金はかなり低いと思うんです」

田島さんは実は、やりがいと低賃金の間で葛藤していたのだ。その複雑な心情について即座に私自身が頭を整理し終える前に、彼女はこう切り出した。

「『やりがい』って、怖いものですね。特に女性の多くはこれまで、質が高く、責任のある仕事を任されてこなかったから、少しでもそれを感じると、本来重要な賃金など待遇面に対して目をつぶってしまうことも多いんじゃないでしょうか。一方で、やりがいがないことは仕事から逃げる口実にもなってしまう。じゃあ、自分はどうすればいいのか、というはっきりとした答えが見つかっているわけではないんですけれど……。今は人に必要とされている感を大切に働きながら、ＮＰＯ法人の役員に処遇の改善を求めていく良い方法がないかと、同じ思いを抱いている仲間たちと話し合っているところなんです」

　最後に結婚、出産についてどう考えているのか、尋ねてみた。

「そうですね……女性は結婚しても経済的に自立していたほうがいいと思ってきましたから、そういう意味では、低賃金で働く状態では結婚しないほうがいいんじゃないかと……。結婚しても、離婚したり、夫がリストラに遭ったりして、いつ収入がなくなるかもわからないですからね。今36歳だから、出産は難しいかとほぼ諦めていますが……。独りのままでも地域などでつながっていられる人がいるから、現時点で孤独や不安を感じることはありません。こればかりは相手がいることですから何とも言えませんが、互いに理解し、尊敬し合えるパートナーにもし出会えれば、それはそれでいいなあとは思います」

田島さんはそう言い終えると、一段と表情を引き締めた。そんな彼女がいつになく頼もしく思えた。

４　女性の格差拡大

働く女性の二極化

本章冒頭でも触れたが、生活の苦しい人の割合を示す「相対的貧困率」が単身で暮らす勤労世代の女性は32％に上るという、単身女性の貧困問題は、雑誌やテレビ番組などでセンセーショナルに扱われ、男性に比べ可視化されにくい、自らが１人で家計を担う女性たちの厳しい経済状況がようやく、真剣に議論される時が到来したかと思われた。だが、残念ながら、その背景にある構造的な問題に踏み込んだり、効果的な対策が講じられたりすることなく、一時的に注目を集めたに過ぎなかったようである。

中でも、未婚やシングルマザーで非正規雇用として働く女性たちの生活は厳しく、貧困に陥る危険性も高くなる。総務省の２０１７年「就業構造基本調査」によると、非正規雇用の未婚女性は３２２万３２００人。未婚に離婚、死別を合わせた非正規雇用の独身女性は５１８万３２００人で、このうち年収２００万円未満が74・８％を占めた。横浜市男女共同参画推進協会が２０１５年に横浜市などで暮らす非正規雇用の35～54歳の独身女性２６１人を対象にした調査では、約3割が年収150万円未満、4割が150万円以上250万円未満だった。

さらに30歳代後半以降など年齢が上がるほど、非正規でさえも仕事に就くことが難しくなり、独身女性はなおさら貧困に陥る可能性が高まる。2017年「就業構造基本調査」では、全国の35～54歳の無業の未婚女性は53万6000人で、10年の間に約13万人増えている（2007年調査では40万3700人）。

女性の労働に関しては、企業側が長年、女性を結婚や出産というライフイベントまでの一時的で補佐的な労働力と捉えてきた歴史がある。そうした流れを大きく変えたのが、1986年に施行された男女雇用機会均等法だった。これにより、総合職など一部の女性には男性と同じように働く機会が与えられた。一方で、企業は1990年代半ば頃から一般職の自社採用を控えるようになり、一般職に取って代わったのが、契約社員や、派遣会社に雇用されている派遣スタッフだった。契約・派遣社員は、当然ながら給与などの待遇が正社員である一般職よりも劣る。つまり、1990年代は女性の社会進出が本格化するのと同時に、「非正規化」も急速に進み始めた時期であった。その流れは「女性活躍」の推進が叫ばれる今、さらに進行し、働く女性たちの格差の拡大、二極化をより鮮明にすることになったのである。

さらに、2025年には女性のほぼ5人に1人が生涯未婚（50歳時点の未婚者の割合である生涯未婚率が18・4％。国立社会保障・人口問題研究所の2018年推計から）と予測されるほど晩婚・非婚化が進むなか、経済的に頼れる夫という存在がないまま、未婚で非正規に甘んじる壮年期・中年期の女性も増えていく。そもそも、わが国の就業構造を調査・分析するうえで、女性の学卒後、結婚までの無業状態を指す場合の多い「家事手伝い」という分類が、女性の貧困の実態を見えにくくしてきたといえる。

ただ、結婚しても離婚や夫のリストラなどで収入が途絶えるなど、女の一生には何が起こるかわからない。社会学者の山田昌弘が、内閣府男女共同参画局の広報誌『共同参画』（2013年12月号）に寄稿した論文によると、既婚女性について、正規雇用で働く人は全年齢区分（20歳代〜60歳代）平均で15・2％だった（各年齢区分でほとんど変わらず、15％前後）。つまり、残りの84・8％（非正規雇用と無職）は、夫の収入を頼りにできなくなった時点で困窮する可能性があるのだ。

自らの意志で非正規を選択

産業構造の変化や企業のコスト削減策などにより、雇用の調整弁ともなっている非正規労働者が増加していることは、社会・経済環境や企業内施策など外的要因ということになる。しかしながら、果たして、独身で自身が家計を担う女性たちの非正規雇用の広がりは、外的要因だけから起こっているのだろうか。

そうした女性たちの多くは、試行錯誤の末、自らの意志によって、非正規という選択を行っている。すなわち、賃金など処遇よりも、人の役に立つなど仕事のやりがいを重視したり、子育てや親の介護などケア役割に価値を見出し、融通が利く働き方として非正規を選んだりするなど、内的要因によるケースが少なくない。これは大勢の女性たちの動向を長年、定点観測してきたからこそ、わかったことなのである。

本章の事例で紹介した森山さんは学卒後、結婚までの〝腰掛け〟で就職することにしたが、就職氷河期で第一希望の採用が少なかった一般職での内定を得られず、派遣社員になった。結局、未婚のまま仕事を続けることになったが、今彼女にとって非正規という雇用形態は、母親の介護との両立や介護施設でのボランティア活動を行うために自らが選んだ、ある程度充実した暮らしを送るための働き方となっている。

森山さんは非正規での労働がさらに結婚を遠ざけることになったと明かしているが、男性も結婚相手に経済力を求め、また、非正規よりも正社員の女性のほうが結婚しやすい傾向は、公的な調査からも明らかになっている。2015年の「第15回出生動向基本調査」（国立社会保障・人口問題研究所）によると、結婚する意思のある18〜34歳の未婚者に、結婚相手に求める条件を尋ねたところ、「経済力」と答えた男性は、1992年の26・7％から41・9％まで増加した。厚生労働省の2015年「第14回21世紀成年者縦断調査」では、第1回の2002年の調査時点で独身で、それ以降に結婚した女性のうち、結婚前の就業形態が正規雇用が58・7％に対し、契約社員や派遣社員、パートなど非正規雇用は25・9％と半分にも満たなかった。

村木さんは出版社で雑誌記者をしたいという夢を持っていたが、契約社員での内定しかもらえず、待遇面を重視して正社員で他の業種の会社に就職した。森山さんと同様、外的要因によって第一希望での就職が実現しなかったという点は共通している。一方で森山さんと異なる点は、不満を抱く仕事からの逃げ道として結婚を選んだということだ。本人が語った通り「安易な結婚」が結局は離婚につながり、シングルマザーとなった村木さんは、愛娘を北関東の実家に預け、1人東京にある編集プロダクションの契約社員として再スタートを切った。低待遇に不安を抱きながらも、彼女が自らやりたい仕事を選択したのだ。

田島さんは最初に就職した会社で、理不尽な過重労働やパワハラによって退職を余儀なくされる。再就職活動は難航し、派遣の仕事を転々とした末に派遣切りも経験した。これらは景気動向に大きく左右された外的要因といえるが、やりがいと低賃金の狭間で葛藤しながらも、ＮＰＯでの仕事を選んだのは彼女自身だった。

自分なりの生き方を求めて格闘

非正規雇用で働く未婚やシングルマザーの女性たちについて、周囲や社会は低待遇で不安定な雇用形態と貧困問題を直接的に結びつけ、とかくネガティブに捉えがちだ。だが、実際に取材した女性たちの多くから見えてきたのは、ポジティブな様相だった。

彼女たちは、決して計画通りにはいかない自らの人生——未婚、離婚、親の介護、仕事では不本意就職、パワハラ辞職、派遣切りなど——と真摯《しんし》に向き合ってきた。ジレンマに陥ってもがき苦しみながらも、社会が押しつける一様な女性の生き方とは異なる、自分なりの生き方を求めて前向きに、ひたむきに、この今も格闘しているのである。それにもかかわらず、正社員として働いていないから、結婚していないから、子どもを産み育てていないから……などと、まるで社会規範から逸脱したかのように、負のレッテルを貼られることに、彼女たちは大きな憤りを覚えていた。

そうした女性たちの生き方と心の持ちようを尊重したうえで、貧困につながり兼ねない今の働き方を改善していく必要がある。そのためには、彼女たちの現状を一過性のブームではなく、深刻な社会の構造的な問題として捉え直し、実効性のある対策を講じていくほかに方法はない。決して、自己責任として処理してしまってはならないのだ。

具体的な改革のあり方については第5章で述べるが、非正規という雇用形態であっても、自立して暮らせるように処遇を改善すること、また改正労働契約法の「無期転換ルール」とは別に、本人が望んだ場合、通算5年という基準に満たなくとも勤務実績などを適正に評価して正社員に登用する制度を設けるなど、雇用する側には新たな取り組みが不可欠である。

第3章

〝敗北感〟に苛まれる女たち

1　「勝ち組」専業主婦の今

「こんなはずじゃなかった！」

夫だけの収入で生計を立てられる専業主婦の座を射止めて時の「勝ち組」となり、悦に入《い》った女性たちが実は今、「こんなはずじゃなかった！」と、いまだかつてない敗北感に苛まれている。

彼女たちを追い詰めているのは、「結婚、出産しても、仕事を続けるのは当たり前」「仕事で指導的地位に就いてこそ女性は輝いている」などという、女性の生き方に規範を押しつける社会の潮流である。彼女たちにとって、十数年前に巻き起こった「負け犬」ブームが追い風であったのだとしたら、昨今の働く女性の「活躍」を応援する動きは、家庭に自らが輝ける場所を見つけて精一杯頑張ってきたこれまでの歩みを否定し兼ねない大きな逆風だ。生き方のトレンドに翻弄され、アイデンティティーを見失ってもだえ苦しむ女性たちの悲哀は、社会で見過ごされている深刻な問題なのである。

専業主婦志望だったある女性は女磨きに精を出し、30歳目前にして「勝ち組」となったも

の の、2人目の子どもを出産してから夫婦間にすきま風が吹くようになり、やがて夫への〝復讐〟に走ってしまう。また、総合職入社でキャリア志向だったにもかかわらず、職務に満足できずに競争から降りて結婚退職し、あることに躍起になるあまり親子関係に亀裂を生じさせた女性もいれば、家庭との両立を目指しながら育児休業後に退職し、期待していた夫の出世が実現せずに問題行動に出てしまった女性もいる。

そこには、女性としてのプライドを誇示しようともがき、他者・社会からの承認を求めてさまよい続ける女たちの姿があった。

一般職は専業主婦志向から

半年前に結婚したばかり、新婚ホヤホヤの当時30歳の川口《かわぐち》リカさん(仮名)に取材で出会ったのは2005年。女性の社会進出が進む時流に一見逆らうかのように〝寿退社〟し、専業主婦になった彼女に、女性のライフスタイルについて考えを聞くのが主な目的だった。

東京都心の高級住宅街にある自宅近くのカフェに現れた川口さんは、住む場所は違えど、1990年代終わりから女性誌『VERY(ヴェリィ)』が使い始めた、白金・白金台でショッピングや食事を楽しむ、経済的にも時間的にもゆとりのある専業主婦〝シロガネーゼ〟

のように、おしゃれな白のレース地のワンピースに鮮やかな青色のカーディガンを羽織り、足元はイタリア製高級ブランドのハイヒール。手にするハンドバッグも高価なブランド物だった。

「はじめまして。よろしくお願いします」と、まるで読者モデルが誌面上で見せるような、清楚なほほ笑みを浮かべたのが印象的で、話しぶりも上品だった。

川口さんは東京の有名女子大学を卒業後、就職氷河期に中堅商社に一般職として入社し、29歳で退職するまで一貫して営業事務を担当していた。まず、一般職での採用など、入社に至る経緯を尋ねた。

「内定を得るのがとても大変で、女性は契約社員や派遣スタッフという雇用形態が増えていた時期でした。どうしても正社員職で就職したかったので、50社以上受け、やっとのことで1社だけ内定をもらえたような状況だったんですよ」

一般職で入社したことへの回答を、さりげなく外したようにも感じられた。さらに突っ込んで質問してみる。

「一般職というのは……失礼ですけれど、ご自身で選ばれたのですか？　それとも……」

「もちろん、自分で選びました」と彼女は即答した。そうして、こう言葉を継いだ。

「なぜ一般職かというと、長く仕事を続けるつもりはなかったし、総合職で男性と肩を並べて頑張っていくなんて全く頭にありませんでしたから……。率直に打ち明けると、数年勤めたら絶対に30歳までに結婚して家庭に入りたいと考えていたので、より良い、つまり経済力のある男性と結婚するには、出会える環境があって、男性から選ばれる女性としても――男性は本音では妻に家庭を守ってもらいたいと考えていますから――総合職よりも一般職のほうが有利だと思ったんですよ。中学、高校と『男女平等』教育を受けて、大学もキャリア志向の女子学生が多かったので、専業主婦を希望していることはひた隠しにしてきました。専業主婦の母が、唯一の理解者でしたね」

最初の挨拶から終始、穏やかな表情だった川口さんが、専業主婦志向を友人たちに隠してきたことを打ち明けた時だけ、ほんのわずかに眉をひそめて視線を逸《そ》らしたのを今でも鮮烈に記憶している。

女磨きと綿密計画で「勝ち組」に

川口さんは専業主婦を目指して、就職難のなかで見事、一般職採用を勝ち取った。だが、妻が家事、育児に専念しても、余裕ある暮らしができるだけの経済力があり、かつ都心の高級住宅地で戸建ての持ち家で暮らし、週に1度は高級レストランでの外食、年に1度の海外旅行……彼女が当時思い描いていた理想の結婚相手はなかなか現れなかった。

そこで川口さんは仕事を定時で切り上げ、週に1、2回は大学時代のゼミやサークル仲間のツテで合コンを企画したり、異業種交流会に参加したりして、結婚相手探しに精を出した。当然ながら女磨きを怠ることはなく、週に2度のスポーツ・ジム、2週間に1度の顔のエステとネイルサロン通いをはじめ、合コンのある日は待ち合わせ時刻に少々遅刻してでも、美容室でしっかりとヘア・メイクをしてから参加するといった念の入れようだった。

ところが、連絡先を交換し合い、2人だけで食事に行くなどする男性は何人かいたのだが、交流が進んでいく段階で彼女自身の理想とのギャップがわかって終わり、ということを繰り返し、本人曰く「相手を見つけられないまま、気づいた時には、29歳の誕生日の目前。このまま三十路《みそじ》を迎えてしまうのか、と目の前が真っ暗になった」という。

そんな時に期せずして訪れたのが、第2章でも触れた、30歳代以上で子どものいない未婚女性を称した「負け犬」ブームだった。

彼女はさっそく、大手の結婚情報サービス会社に入会する。インターネットと対面式の両方で結婚相手の紹介を進めていく仕組みで、約6か月で見事、総合商社に勤務する5歳年上の男性との婚約に至るのだ。結婚したのは、30歳の誕生日を迎える1か月前。この間、サービスに要した費用は25万円弱だった。

「正直、『負け犬』に感化され、お尻を叩かれていなかったら、結婚情報サービスを利用して相手を探すという行動にまでは出ていなかったんじゃないかしら。自力で結婚にたどり着かなくっちゃ、という女としてのそれなりのプライドもあったから……。でも、逆にそんなプライドうんぬんなんて言っていられないわ、って気持ちにもなったんですよ。結局は、日ごろの女磨きと、綿密な計画を立てて結婚相手探しを頑張ったのが良かったんじゃないでしょうか」

さすがに本人からは、ブームでは「負け犬」に対比して語られた「勝ち組」（エッセーでは「勝ち犬」と称されたが、論争・ブームでは多くで「勝ち組」が使われた）という言葉は出てこない。そこで踏み込んで質問した。

「日ごろから頑張ってこられたために、川口さんはまさに『勝ち組』になられたわけですね」

「そんな、『勝ち組』だなんて……。う、ふっ、ふっ……」

彼女は、白のレース地に花柄の刺繍の施されたハンカチを口元に当て、小声で笑った。

「負け犬」から「女性が輝く日本」へ

その後、いつしか「負け犬」ブームは去り、結婚していて子どものいる、中でも専業主婦の「勝ち組」対、未婚の「負け犬」、という対立構造で女性のライフスタイルが語られることはほとんどなくなった。実際には結婚後、もしくは出産後に仕事を辞めて家庭に入り、家事・育児に専念したいという女性はかなりの割合で存在していることを当時、私は取材を通して実感していた。だが、国の政策やメディアでクローズアップされたのは、あくまでも女性の社会進出だった。女性の家庭志向の高まりは第5章で詳述する、ある一時期の内閣府の世論調査から示唆されてはいたものの、そこにスポットライトが当たることはなかった。

世の中の注目は、仕事で女性がもっと能力を発揮するために、男女の待遇格差の是正や、結婚、出産後も働きやすい職場の環境づくりをどう進めていくか、という点に集まっていく。そうして、第2次安倍内閣が2013年に発表した成長戦略のひとつに「女性が輝く日本」が掲げられたことで、女性の積極登用など「女性活躍推進法」(2016年施行)へとつながる国や企業などの取り組みが一気に加速するのである。

川口さんに再会したのは、こうした流れの過渡期にあった2012年だった。女性のライフスタイルの多様性を受容する社会とは言い難い現状に対して、専業主婦で子育て中の彼女の意見を聞くのが、そもそもの狙いだった。

彼女とは最初に会ってから1年半の間に2度取材し、メールや電話でもやりとりをして話を聞いていたのだが、その後は徐々に言葉数が少なくなったかと思うと、とうとう返信さえなくなってしまっていた。突然の電話での取材申し込みだったにもかかわらず、川口さんは艶《つや》のある声で懐かしみ、私が仕事に関して近況を報告すると、職場環境の変化やそれに伴うストレスを気遣ってくれた。だが、自身のことについては、小学1年の長女と4歳の長男の子育てに忙殺《ぼうさつ》されていることを明かしたものの、それ以上は「まあ……取材の時、話しますわ。じゃあ、またね」とだけ言って電話を切った。最後の言葉がため息交じりのようにも聞こえ、若干、戸惑いのニュアンスが感じられたのが、気になった。

女優のようなメイクと身振り

5年半ぶりに再会した当時37歳の川口さんは、子どもたちが通学、通園で自宅にいない平日午前中の貴重な時間を割き、前回と同じ自宅近くのカフェで取材に応じてくれた。白地に赤、緑など色鮮やかな大ぶりの花柄のワンピース姿に、ブランド物の靴とバッグ。中でも目を見張ったのは、毛先を大きめのカーラーで巻いたとみられるロングの髪に、目元には長く、カールしたまつ毛エクステ（人工まつ毛）が施され、ブロンズ色のフェイスパウダー、淡いピンクの濡れたように輝くリップグロス。顔のところどころに艶感が演出されたメイクといい、上半身を斜に構えてカメラポーズを取るような身振りといい、まるで女優のようだった。

「長くご無沙汰して、失礼いたしました。前回とその前にお目にかかった時はお嬢さんだけでしたけれど、ご長男も産まれて、2人のお子さんのお母さんになられたのですね。やはり、子育ては大変ですか？」

　まずは差し障りのないよう、事前の電話で本人が唯一話してくれた育児について、尋ねてみた。

「ええ、まあ……。最初の子の時は女の子だったから比較的大人しく言うことも聞いて、何とか乗り越えられたと思うのですよ。でも、次の子の男の子は身体が弱くて、言うことを全然聞かなかったり、ちょっとでも叱るとなかなか泣き止まなかったりして大変で、自分が理想とする母親像とはかけ離れてますわ。男の子の出産は、主人の実家、特に姑からは結婚当初から強く期待されていたこともあって、妊娠がわかった時は本当にうれしかったんですが……こんなに育てるのが難しいとはね……。このわたくしが自信をなくすぐらいですもの。ところで、奥田さんはその後、プライベートのほうではどうされたのかしら？」

「あっ、すみません。プライベートのほうはお話ししていませんでしたね。相変わらず結婚したいのに、できないままなんですよ」

「まあ、そうでしたの」

彼女のスタイルである柔和で品のある表情に変わりはなかったが、言い終えてやや斜め下に視線を落とした際、ほんのわずかに、にやりと笑ったような気がした。

取材者である私が結婚も出産、子育ても経験していないことに対して、「この人に話しても、自分のことを十分に理解できないのではないか」という疑念を抱かれることは少なくない。川口さんは言葉にこそ出さなかったが、露骨に疑問や批判をぶつけてくる傾向は男性に比べると、女性のほうがはるかに強い。

不倫という〝復讐〟は女のプライド

そうした点も慮《おもんぱか》りながら、少しずつ踏み込んで質問してみる。

「でも、子育てをしっかりとこなされているのはすばらしいことだと思います。改めて、これまでの結婚生活を振り返って、今どう感じておられますか?」

円滑に進んでいた取材への回答が一瞬、滞る。川口さんは顔を車や人が行き交う窓側にほぼ90度近く逸らしたかと思うと、その横顔がみるみるうちに強張っていくのが見て取れた。時間にしてわずか10秒程度だったと思うが、渇いた空気が流れる沈黙に、なぜか不吉な予感がして、背筋に悪寒が走ったことが今でも脳裏に焼きついている。

川口さんはハンドバッグから淡い桃色のレース地のハンカチを出し、口に当ててから軽く咳払いをした。そうして、覚悟を決めたかのようにこちらに向き直り、衝撃の告白を始めたのである。

「前回まで何度かお会いした時も、専業主婦として自分が思い描く余裕のある生活を送るという夢を１００％実現するのは難しいのかしら、って少しは思い始めていたんです。だって現に、海外旅行なんて、新婚旅行以外では結婚7年で一度も実現していないんですもの。でも、わたくしだって自分でこの道を選んだという女性としてのプライドがあるでしょ。だから、子育てだって一生懸命に頑張って……。な、なのに……」

彼女は片方の手に持っていたハンカチを押しつぶすように握りこぶしをつくり、うなだれた。

「大丈夫ですか？　お水でも飲んで少し休んでください」

「いいえ、結構です。だって、このことを奥田さんに聞いてもらうためにお会いすると決めたんですから……」

今度は片手で握りしめていたハンカチをテーブルの上に置き、大きな深呼吸をしてから水も飲まずに、こう言葉を継いだ。

「ふ、り、ん……」

「えっ、今、何とおっしゃいましたか？」

「不倫を、妻子のいらっしゃる方とわたくし、してしまったんです。奥田さん、不貞を働いておいて、女のプライドなんてあったもんじゃない、って、今心の中で思っていませんか。う、ふっ、ふっ……。違うんですよ。これが、わたくしなりの女のプライド、なんです」

この段になると、いつもの上品で穏やかな女性の姿は鳴りを潜めてしまっていた。それに、態度が少し挑発的に変化していったのも気がかりだった。これ以上突っ込んで質問していいものか、多少は迷ったものの、この肝心なところで取材者が引いてしまっては元も子もない。質問を続けた。

「不倫が女のプライド、とはどういうことなんでしょうか？」

「だから、主人の裏切り行為に対して、〝復讐〟してやったんですよ」

川口さんが心を乱しながらも、打ち明けてくれた概要はこうだ。

結婚から3年後、33歳で第2子となる待望の長男を出産後、夫とセックスレス状態となってしまう。彼女がいうには、特に姑から大きなプレッシャーをかけられていた男子を無事出産できたことで、夫婦ともに重要な義務を果たした気持ちになってしまい、互いを男と女、つまりセックスの対象として見ることができなくなったせいではないか、ということだった。自ずと夫婦間の会話も少なくなっていった。

そして、長男の誕生から半年後、夫の不倫が発覚する。普段は自宅内でも持ち歩いているスマートフォンをたまたま夫がリビングに置き忘れ、その時にちょうど不倫相手の女性からLINE（ライン）の着信があった。バイブレーションに気づいた川口さんが内容を見てしまったのだ。夫を問い詰めたところ、不倫相手は出会い系サイトで出会った、おそらく20歳代とみられる会社員で、怒り心頭に発して離婚をにおわす妻に対し、夫は平謝りしたうえで、「不倫相手の女性とは別れる」と言ったという。

それにもかかわらず、川口さんは自らも夫と同様の不貞行為に走ってしまうのである。

「自分で選んだ専業主婦ではあるけれど、仕事で能力を発揮して周りから注目される、という選択肢だってあったんです。家庭を守って必死に頑張っているこのわたくしをないがしろにして、裏切るなんて、どうしても許せなかった。一時は自分のアイデンティティーを失いかけたわ。そんな自分を肯定し直して、女の誇りを保つためには……不倫には同じ不倫でやり返す以外に方法はなかったんです。やはり独身の奥田さんには、わたくしがどれだけ苦しみ、こんな決断をしたのかなんて、到底わかりっこないでしょうね」

思いの丈をぶつけ終えた川口さんは、数秒後にはもう元の和やかな表情に戻っていた。女優のようだ――。そう心底思った。本人に悪気はない。そうせざるを得ないのだ。装い・メイクを超えて、〝演技〟する女性という生き物の怖さを、まざまざと見せつけられた瞬間だった。

「規範の押しつけはやめて！」

その後は音信不通になることもなく、メールや電話、面会での取材を定期的に重ねた。彼女自身の不倫も、夫と同様に出会い系サイトを通じたものだったが、結局、２０１２年の取材時から半年余り後に、１年近く続いた関係に自ら終止符を打ったという。一方で、夫の不倫は、本来はそれがバレた直後に夫の話では「別れる」はずだったのだが、実際には関係が少なくとも数か月は続いていたらしい。彼女はその後も、「もしかすると別の女性と不倫していているかもしれないけれど、よくわからないわ」と漏らしたことが複数回あった。身体の交わりだけでなく、夫婦での会話自体がほとんどなくなってしまっている様子もうかがえた。

２０１７年、42歳の川口さんに改めて会って取材した。そして、彼女にとっては酷であることを承知のうえで、敢えて尋ねてみた。

専業主婦という生き方を今、どう感じていますか――。

「わたくしには女のプライドがあるから、口が裂けても『後悔している』なんて言えない。女としての誇りを維持し、自分で選んだライフスタイルを否定しないためにも、離婚することはできないわ。小学生の子ども２人のことを考えてというのもあるけれど……。よくある、子どもが自立したら、夫が定年退職したら、離婚して自由に、っていう風にはなれないの。ただ、社会が女性の生き方について規範を押しつけるのだけは絶対にやめてほしい。今だと、仕事と家庭を両立して、さらに職場でリーダーになってこそ、立派な女性、って感じでしょ。そうじゃない道を歩んだ者からすると、すごいストレスだし、そこまでプレッシャーをかけられたら、わたくしも本音では、『こんなはずじゃなかった！』と思えてくるもの」

家庭で様々な苦難を経験しながらも、今も彼女はメイクやファッションに気を配り、穏やかで品のある表情を見せ続けている。熟年離婚に加えて最近では、婚姻関係を維持しながら自由に夫婦それぞれの道を歩む「卒婚」や、母親業を卒業する、つまり自立したわが子に干渉せず、女性としての人生を送る「卒母《そつはは》」という夫婦、親子の新たなかたちも話題になるなか、川口さんが誇示する彼女ならではの「女のプライド」には、他の追随を許さない、鬼気《きき》迫るものがあった。

2　息子を〝お受験〟という代理戦争に

「出世競争から好んで抜けてやった」

キャリア志向だったにもかかわらず、職場で挫折感を味わって結婚を機に退職。妻、母親としての自己の存在価値を高めようと必死になるが、行き過ぎた承認欲求から子どもとの関係が悪化してしまった女性もいる。

大下幸《おおしたさち》さん（仮名）には２００７年、当時40歳の彼女にアラフォー女性の仕事と家庭について、話を聞くために会ったのが最初だった。

彼女は難関私立大学を卒業後、東京に本社のある大手メーカーに総合職として入社し、主に管理部門で経験を重ねてきたが、半年前に１年余りの交際を経て結婚したのを機に退職したばかりだった。バブル期終盤の入社で同期が多い中でも男女問わず先陣を切って、30歳代後半で課長職に就くなど、彼女が職場で高い能力を発揮し、周囲からも評価されていたことは容易に想像できた。

なぜ、退職する道を選んだのか。

「うーん、事前に頭で整理してきたつもりだったのですが……何というか、こうして実際に取材を受けてみると、なかなかうまくまとめられないものですねぇ……」

ウエストまですっぽり覆う大きめのベージュのノーカラージャケットに、胸元にはリボンの付いた白のブラウス、紺のフレアスカートという可憐な姿に身を包んだ大下さんは、こちらが拍子抜けするようなゆっくりとした口調で、表情豊かに語り始めた。時々、語尾を上げる話し方も独特だった。それまで取材で会った、男性と肩を並べて働いてきた、いわゆるキャリアウーマン・タイプの女性とは雰囲気が異なると感じたのが第一印象だった。

「たぶん……奥田さんはせっかく課長にまでなったのに、結婚なんかで辞めてしまうなんてもったいない、って思っていらっしゃるんでしょうねぇ」

「いいえ、決してそんなことはないですよ。結婚退職もひとつの選択肢ですし……」

「う、ふっ。私、出世競争から好んで抜けてやったんです。課長にまで昇進したのは、とってもうれしかったですし、自分が周りに認められた、って感じがすごくあって、誇りでもありました。でも……さらにその上を目指すとなると、仕事の能力や実績というよりも、上司との付き合いとか、ゴマすりとかで偉くなっていく人のほうが、実際には多いんですよねぇ……なんか、自分もそんな、上司におべっかを使う人たちと同じ穴のムジナにはなりたくないな、って。まあ、そうだなあ……馬鹿《ばか》らしくなったんですね、きっと。そ、れ、に……」

流暢に話していた大下さんが一瞬、言葉を濁す。面持ちがこころなしか冴えない。だが、彼女はすぐに元の表情に戻し、こう続けた。

「私自身は実力で課長ポストを手に入れたと思っていますけど……実は女の若手課長は社外的にもPRになる、って感じで、『広告塔』のような存在にもなっていたんです。少し上の女性総合職1、2期生ぐらいが、ただ男性と同様に働くコースで入社したというだけで好奇の目にさらされた結果、辞めていった人が多かったのと似ているかもしれませんねぇ。それに、次の昇進を争うライバルの男性課長たちから、『女だから優遇されている』と嫌味を言われたり、些細なミスを大げさに言い触らされて足をすくわれそうになったりして……。男は出世競争となると陰湿だから。でも、女性は仕事のパワーゲームから『いちぬーけたー』って選択もできるんですから、ある意味男性よりも気楽ですよねぇ。ふ、ふっ、ふっ……」

本来は悔しいはずなのに、大下さんは笑い飛ばした。元来、明るい性格なのだろうが、それにしても、テンションが異様に高く、ネガティブな感情を必死に覆い隠しているようにも感じられた。取材者としてはどこか腑に落ちなかったのだ。

高スペック男との結婚は存在価値証明

では、どうして結婚時期に合わせた退職だったのか、さらに突っ込んで質問してみる。

「そうですね……。挫折を味わった職場へのリベンジだったのかもしれませんねぇ。ステータスのある仕事に就いていて、女性の誰もが憧れるような、頼りがいのある素敵《すてき》な男性と結ばれることで、自分の存在価値を周りに証明したかった。それで、かつての仕事仲間をギャフンと言わせたかったんです」

「高学歴、高収入で、外見が良い」と露骨には言いはしなかったものの、ステータスのある仕事で、女性が憧れる素敵な男性……というのは、遠まわしながら、そういうことだろう。

大下さんの３歳年上の夫は公認会計士で、監査法人に勤務しているが、いずれは同じく公認会計士の父が経営している事務所を継ぐ予定なのだと、彼女は誇らしげに説明してくれた。

俗にいう「スペック」の高い男性だったからこそ、彼女にとって貴重な価値をもたらしたのであって、おそらく単なる結婚というライフイベントだけだったら、彼女が「リベンジ」を果たして溜飲《りゅういん》を下げることは不可能だったのではないだろうか。

明るく語っていたのだが、話し終えると、ブランド物の大ぶりのハンカチですっぽりと口元を覆ってうつむき、ほんのわずかの間、少し苦しそうな表情を見せた。かつての職場への怒りが再燃したためなのではないか。一瞬、そう考えた。しかし、それは心理的なものではなく、生理的な現象であることに、この後すぐに気づくのだ。

「大丈夫ですか？　気分が悪いのですか？」

心配して尋ねると、彼女はハンカチを膝元に置き、顔を上げて満面に笑みを浮かべた。

「実は私、もうすぐお母さんになるんです。今、妊娠8か月で……」

「そ、それは、おめでとうございます。あのー、すみません。そういう大事にしないといけない体調であることを聞いていたら、もっと早くに取材を切り上げたのですが……」

「大丈夫ですよ。あっ、そうか、奥田さんは独身、っておっしゃっていたから、ご存じないのはしょうがないですね」

大下さんの言う通りだ。妊娠5か月から7か月が安定期であることは知識としては知っていたが、彼女の現在の状態である妊娠8か月での後期つわりや体型が個人差はあるにしても、だいたいどの程度のものなのか、出産経験のない私には皆目《かいもく》、見当がつかなかった。不甲斐なさを感じながらも、ふと疑問が頭に浮かんだ。確か彼女が結婚したのは、本人から「半年前」と聞いた。失礼な質問にはなってしまうが、わが子を授かったことはおめでたいことだ。言葉遣いに気をつけながら、思い切って問うてみた。

「大下さん、大変失礼なのですが、もしかすると……ご結婚とご妊娠という二重の幸せを手に入れられたということだったのでしょうか？」

「あ、はっ、はっ……」

彼女はそれまでも話している最中に軽い笑い声を立てていたが、この時ははっきりとした大きな笑い声だった。

「奥田さん、さすがにうまい表現をされますねぇ。その通り、『できちゃった婚』なんです。どちらかというと『授《さず》かり婚』って言ってもらいたいけれど、どっちでも一緒かあ。何をお聞きになりたいのか、だいたい察しはついていますよ。まあ、率直に言うと、アラフォー同士のカップルが1年近くも付き合っているのに、プロポーズしてくれないから、焦りに焦って……授かり婚に持ち込んだ、ってところですか、ねぇ。あっ、当たり前ですけれど、本当にここだけの話ですよ。でもね、妊娠していることがわかって、特に姑とか、夫側の家族はほっとしたんじゃないかしら。年齢的に結婚してから子作りしてもできない可能性は十分にあったわけですから……。う、ふっ」

大下さんはそう、また小さな笑い声で話を結ぶと、何かひと仕事済ませたようにすっきりとした表情を見せた。

抱え込んだ母親としての苦悩

大下さんと次に会うまでに7年余りの歳月が流れる。この間、こちらからは何度も取材を申し込んだのだが、前回の取材からしばらくして生まれた一人息子の子育てで忙しいことなどを理由に、いつもやんわりと断られ続け、電話やメールでも近況はほとんど教えてもらえなかった。ところが2014年、8度目の取材依頼を彼女はやっと承諾してくれたのだ。

数多《あまた》の男女を取材してきたなかで、取材対象者から突如として、面会を拒否されたり、音信不通になったりするケースは少なくない。そうした状況を経て再び会える確率のほうが低いのだが、取材が実現した場合には、当事者の環境や心理が大きく前向きに変わったケースと、逆に思わしくない変化が起こって精神的に追い詰められているケースに大別される。いずれにしても、それぞれの人生に重大な出来事が存在するということなのだが、大下さんの場合は、後者のケースだった。

久しぶりの電話での会話からは、彼女が何に苦しんでいるのかはわからず、私からも敢えて質問しなかった。だが、努めて明るく快活を装う様子が声から痛々しいほど伝わってきて、彼女の懊悩する心中を象徴するかのようだった。

連絡をもらってから約1週間後、以前と同じ、横浜市内のしゃれたケーキ店に姿を見せた大下さんは、ノーカラーの襟元などのデザインや素材に特徴のある数十万円はするであろうフランス高級ブランドのスーツをまとい、スカートは47歳という年齢にしては短めの膝上数センチ丈。冬間近というのに、足元は素足に10センチ近くはあるとみられる靴底の赤色が特徴のイタリア有名ブランドのパンプス、といういで立ちだった。最初に出会った時にもまして華やかな服装に身を包んでいたが、表情はかつての豊かさとは正反対で非常に硬く、時折見せる張りついたような笑顔が以前とのギャップを際立たせていた。

「ご無沙汰しています。お元気そうで何よりです。素足にパンプスを履けるなんて、うらやましいです。私にはとてもそんな自信はないですから」

「う、ふっ。奥田さん、って、人を持ち上げて、いえ、褒《ほ》めて、いい気持ちにさせておいてから鋭い質問に答えさせよう、ってところ、相変わらず、ですねぇ」

そのまま文字で追うときつくも感じるが、これは彼女なりの愛嬌だ。それなりに人柄や性格を理解しているつもりでいた身としては、表情がやや和《なご》み、語尾を上げる特徴も健在で、本来の彼女に戻ったようにも見え、少しほっとした気分になった。が、それもほんの束の間だった。

「ところで、息子さんは成長されたんでしょうね」

「…………」

大下さんにとっては、ステータスのある夫以上に、40歳という高年齢出産で授かった息子はかけがえのない存在であるはずだ。にもかかわらず、彼女はまた硬い表情で押し黙ってしまったのである。そうして、うつむき加減で視線を外して自身の膝あたりを凝視し始めた。顔色が次第に青ざめていく。彼女の苦しみの原因には、1人息子の長男が関わっている。この時点で確信した。拒み続けていた取材を7年ぶりに受けてくれたことといい、かつてとガラッと変わった強張った面持ちといい、何か深刻な出来事が介在している可能性が高い。

自分を見失った末に……

言葉を慎重に選びながら、質問を続けた。

「確か、もう小学生ですよね。何か、息子さんが熱中されていることはあるんですか？」

「…………」

「最近は家でゲームに夢中になる子どもたちが増えているようですけれど、外でスポーツなどはなさるんでしょうか？」

「…………」

質問に答えないだけでなく、じっとして表情も身体も石のように固まってしまったかのようだ。

「お勉強はお好きなんですか？」

そんな大下さんの口角が、ほんの一瞬、動いたのを私は見逃さなかった。「勉強」についてさらに詳しく聞いてみるしかない。

「お勉強は、特に小さいうちは親御さんがしっかりと見守っていかないといけないから、大変ですよね」

「……み、ま、もって……」

「えっ？ 何とおっしゃいましたか？」

「私は、息子のことを、見守って、きたんです。絶対に、そうです。なのに……息子は、そんな私の気持ちを、わかろうとしなくて、私の言うことを、全く聞いてくれないんです……。〝お受験〟だって、息子が、将来良い道に進むために、そのために、苦労しないように、って考えたのに……」

呼吸が荒く、言葉が途切れ、途切れになる。急速に目が充血してくるのが見て取れた。取材を中断することも考えたが、彼女はこの勢いですべて打ち明けたがっているように思え、さらに質問を進めた。

「〝お受験〟ということは、息子さんは小学校を受験なさったんですか？　失礼ですが、それで、息子さんとの間で何かあったのでしょうか？」

彼女は、今にも堰《せき》を切って出そうな負の感情を必死にこらえているように見えた。

「結局、〝お受験〟の準備をしながら、見送ってしまって……。本当に息子なんて、全然私の思った通りにならないんですから……」

大下さんの話によると、息子を自身が卒業した大学の付属小学校に入学させるため、幼稚園の年少組の時から〝お受験〟のための教室に通わせた。だが、最初は好奇心もあって、体操や工作・お絵かきの授業を楽しんでいた息子も、徐々に周りの子どもたちと競争している感覚が芽生え、教室に通うのを嫌がるようになった。彼女が教室を休むことを許さずに叱り続けたため、息子は暴れ出すようになり、結局、1年も経たないうちに教室通いを断念したのだという。

今、息子は公立小学校の1年生。公認会計士の夫が、小学校受験を見送った騒動以降、息子のことをより気にかけるようになり、休みの日など時間を見つけては、一緒に外に出かけてスポーツや自然散策を楽しむなどしているらしい。一方で、大下さん自身は息子の世話をしながらも、「どう接したらいいのか、わからない」と漏らすなど、いったん亀裂の入った親子関係をうまく修復できず、いまだ戸惑っているという苦しい胸の内を打ち明けてくれた。

彼女の苦悩にさらに拍車をかけるようで心苦しかったが、どうしても確認しておきたいことがあった。

「大下さん、どうして、息子さんとの関係がそうなってしまったのだと思われますか？」

「うーん、そうですね。以前、ステータスのある仕事に就いている夫との結婚が、私の存在価値を証明するものだったということをお話ししましたけれど、少しそれに似ているかもしれません。出産してしばらく時間が経つと、夫も前ほどチヤホヤしてくれなくなったし、専業主婦のゆとりある暮らしにも飽きてきて、自分を、見失ってしまったというか……。私の、価値を、周囲に知らしめるために……息子を……代理に、して……競争、させてしまったんです。〝お受験〟に合格すれば、それは私自身への、周りからの、評価を上げること、つまり勝利、につながる、から……。夫が、早めに気づいて、間に、入ってくれなかったら、む、す、こに、手を、あ、あげて……ぎゃく、たい（虐待）し、て、いた、かもしれません……」

大下さんの言葉がまた切れ切れになる。今度は後悔や悲しみの感情を抑え切れず、嗚咽《おえつ》したためだった。むせび泣きが治まり、呼吸が整うまで10分近く待ってから、単刀直入に質問してみた。

女性の仕事での「活躍」を推し進める社会の動きをどう感じていますか――。

「ステータスのある男性と結婚して、専業主婦になって経済的に余裕のある暮らしを送ることができて、てっきり〝勝った〟つもりでいたのが、仕事と家庭を両立する女性がもてはやされるような時代になって、実は〝負けていた〟ってことなんじゃ、ないかしら……。とても悔しいですけれど、それが事実ですもの」

彼女は思いのほか淡々と、そう語った。

誰かの役に立ち、自己を取り戻す

２０１７年、50歳になった大下さんは、彼女なりに社会との関わり方を模索した末に、ある活動に携わっていた。勤務する大学の夏休みを利用して上京し、横浜市内の閑静な住宅街にあるオープン・カフェで彼女と3年ぶりの再会を果たした。彼女は鮮やかな黄緑色のノースリーブのワンピース姿。素足にこの年流行りの、厚底で靴底の土ふまず部分にくぼみのないウェッジサンダルを履いていた。身にまとうすべてに上質な素材が使われてはいたが、高級ブランド服というわけではなく、立ち居振る舞いも非常に自然だった。この間、電話では何度か話していたが、初めて素の彼女と相対するようで、再会早々から気持ちが和らいだ。

「奥田さん、再就職活動は大変だったと思いますけれど、大学の先生になられて、本当に良かったですね」

これまでのライフスタイルは大きく違っていても、そんな同年代の彼女が私の転職を喜んでくれていることが何よりもうれしかった。

「ありがとうございます。大下さんだって、いろいろと頑張っていらっしゃるじゃないですか。現時点ではどうなんですか?」

「親子関係はもうすっかり、〝お受験〟で衝突する前の良好な関係に戻っていますし、息子は地域のサッカークラブでプレーに熱中しています。それである程度自分の時間を持てるようになったので、1年ほど前から前の会社や仕事関係の人に会って、正社員としての就職先を世話してもらえないか、って頼んだんですけれど、体《てい》よく断られて……。やはり10年のブランクはきついですねぇ。でも、正社員が難しいからといって、総合職として男性と競い合った身としては派遣の事務職やスーパーでのパートには抵抗があります。それで、少しでも誰かの役に立つことができないか、と考えて、ある日、区役所に立ち寄った時に区民向けの掲示板を見ていたら、子育てボランティアを募集していて……。それで今は週に3日、近くの児童館で絵本の読み聞かせなどを行っているんです」

「それは、良かったじゃないですか？　働くお母さんたちは、とても助かっていると思います）、あっ、すみません」

大下さんの心中《しんちゅう》――本来は彼女自身がフルタイムで働くお母さんになりたかったにもかかわらず、それが叶わずそうした女性たちを助けているということ――を十分に考慮せずに思わず口走った言葉に後悔する。しかし、彼女は気分を害するどころか、一段と穏やかで明るい表情でこう返してくれた。

「悔しい気持ちが全くないわけではないですよ。でも、しょうがないわ。複数の生き方があって、隣の女性と比較してその彼女が自分にないものを持っていると落ち込んだりする、っていうのは女の宿命かもしれないもの。ただ、今、『女性の職場での活躍』『女性管理職を増やす』なんて、社会で盛り上がっているけれど、国や企業が私たちの人生に口出ししないでほしいですねぇ。もう、むかつく。う、ふっ。家庭やボランティア活動など、仕事以外でも頑張っている女性はたくさんいるし、私の場合は子育てボランティアで誰かの役に立っていることが、自分の存在価値を示してくれる証し。お陰で失いかけていたアイデンティティーを取り戻すことができたような気がしているんですよ」

そう言い終えると、大下さんは、オープン・カフェの前を行き交う家族連れや若いカップルに優しい眼差《まなざ》しを送った。これまで10年にわたる取材で、彼女の表情が最も輝いていた瞬間だった。

3　出世できない夫にDV

「夫には育児でなく、仕事で頑張ってほしい」

もとは仕事と家庭を両立するつもりだった総合職の女性は、育児休業後に復帰した職場で働く意欲を失い、退職した。そして、夫が出世競争に敗れたことで、そのやるせなさと怒りを手荒な手段に訴えてしまう。

小売り大手に総合職として勤務し、大阪本社に勤務していた、当時28歳で独身だった中田《なかた》由香《ゆか》さん（仮名）と出会ったのは、２０１０年。京都出身の中田さんは関西の大学卒業時に就職氷河期の終盤を迎え、厳しい競争を勝ち抜いた。そんな彼女に、これから結婚後の仕事と子育ての両立をどのように考えているのかをインタビューするのが目的だった。ちょうど大手を中心に、企業が従業員のワーク・ライフ・バランス（仕事と生活の調和）を重視し、実効性のある女性社員の両立支援策に、本腰を入れ始めていた時期でもあった。

仕事帰り、自宅までの鉄道の経由地である大阪市内のカフェレストランに現れた中田さんは、しわひとつない黒のスカートスーツ姿でビシッと決め、胸元には上品な小ぶりのスカーフをまとっていた。深いお辞儀をして丁寧な挨拶をしてくれた後、席に着くと、まるで背筋に定規が入っているかのように姿勢を正し、いきなり話し始めた。

「取材の趣旨は、だいたい理解しております。総合職の女性がこれからの時代、どのように育児など家庭と両立を図りながら仕事を続けていくか、ということは大きな課題であって、社会が注目していますし、両立支援策がうまくいけば、企業のイメージアップにもなりますから。ただ、私自身はそれほど難しくは考えていなくて、ここまで会社の制度も充実してきたわけですから、それを余すところなく利用させていただいて、焦らずに仕事と家庭を両立させていければと思っています」

まるで、暗記してきた原稿を読み上げるような口調だった。

「失礼ですけれど……中田さんは今お付き合いされている男性はいらっしゃるのですか？」

「そういうことも、やはり聞かはるのですね」

それまで淡々とした表情で話していた彼女だったが、少しポジティブな感情が表出する。

そしてこう続けた。

「ええ、今入社年次が3年上の他部署の男性と交際しています。社内結婚は珍しくはありませんし、結婚後も仕事を続けるにあたって全く支障はありません。まだプロポーズはされていませんが、彼も結婚後、私が仕事と家庭を両立していきたいと考えていることはよく理解してくれてはりますし、30歳までには結婚したいと思っています」

「では、仕事も私生活のほうも、順調ということですね」

「さあ、どうなんでしょうか。大学受験も厳しかったですし、就活（就職活動）となるともっと大変でしたから、結婚も――彼には失礼かもしれませんが――高望みするのはやめようと決めていましたので、彼は分相応な相手だと思っています。順調といえばそうですけれど……仕事も私生活も、もっと高い目標を持って頑張るという選択肢もあったわけですから、何ともいえませんね」

中田さんはそう至って冷静に、自身の環境と心境を分析した。

取材当時は、育児に積極的に関わり、楽しむ男性たちに、「イケメン」を一文字入れ替えた「イクメン」という名称が与えられ、国も男性の子育てを支援する「イクメンプロジェクト」を発足させるなど、父親の育児参加が注目を集め始めたばかりの頃だった。

「彼氏、近い将来の旦那さまには、やはり育児などを手伝ってもらいたいと思っていらっしゃいますか？」

「…………」

当然、ＹＥＳの答えが返ってくるものだと思っていたのだが、中田さんがほんの少しの間、沈黙した。すらすらと質問に答えてくれていた彼女からすると、意外な無応答だった。

「……今の社会の動きを踏まえますと、『もちろんです』とでも答えるべきなんでしょうけれど……。正直、お話しすると……夫になる人にはとことん仕事で頑張ってほしいと思っています。出世競争を何としても勝ち抜いてほしいのです。だから、子育ては大変でも、私が責任を持ってやり遂げるつもりです」

そう話している間、彼女の表情は次第に柔和に変化していった。本音を明かした安堵感がそうさせたのではないか。ふと、そう感じた。

育休後に居場所なく退職

２０１４年、４年ぶりに再会した32歳の中田さんは、専業主婦になっていた。前回の取材から１年ほど後に交際中だった男性と社内結婚し、さらに翌年には長女を出産、１年弱の育児休業を取得した後、職場に復帰したものの、わずか半年で退職したという。気負うことなく、仕事と家庭を両立していきたいと語っていた彼女に、いったいどんな心境の変化があったのか。最も知りたかった点だった。

週末の午後、大阪府郊外の自宅近くの最寄り駅前の喫茶店で向き合う、白のブラウスに紺のフレアスカート、ベージュのカーディガン姿の中田さんは以前に比べると肩の力が抜け、表情も和らいでいるように見えた。彼女は、2歳の長女を自宅から電車で1時間近くかかる京都市内の実家に預けてまで、この取材に応じてくれた。あまり時間を取らせてはいけないと考え、さっそく本題の質問に入る。

「失礼ですが、中田さんは結婚、出産後も仕事を続けられると思っていたのですが、どんな理由から退職されたのでしょうか?」

「育休後に職場復帰したら、もう職場に私の居場所はなかったんです。子育て中だから、残業なしで早めに仕事を切り上げるのはしょうがないと、当初は自分でも割り切っていたんです。でも……当然ながら、その分仕事量は減るし、責任ある価値の高い職務は割り当てられなくなるんです。同期入社や年次が下の総合職社員が次々と重要なプロジェクトを任されているのを目の当たりにして、1人取り残されたような気分にもなりました。もう自分は必要とされていないのやと感じて、働く意欲を失ってしまったんです。仕事を続けるために出世コースから外れた〝マミートラック〟に乗るなんて、私にはできなかった。ちょうど同じ頃、子育ての疲れも出てきて、もういいや、って感じで……」

「育児中の女性社員がある程度、仕事量が限定されるのは、やむを得ないことだと思うのですが、その育児の疲れ、というのは、例えばご主人に協力してもらうなどでやりくりすることはできなかったのでしょうか？」

「確か、前にも申し上げたと思うのですが、私は夫には出世して職場の競争を勝ち上がってもらいたいと思っています。夫と結婚した理由は、人柄や価値観もありますが、仕事の能力に長《た》けている点が大きかった。だから、夫が子育てに余計な時間を費やして、そのために疲れて、日常の職務遂行に支障が出たりするようなことは絶対、避けたかったんです。夫は保育園の送り迎えを分担しよう、などと育児協力を申し出てくれはりましたが、断って私１人で頑張っていました」

中田さんなら肩ひじ張らずに仕事と家庭を両立し、やがて管理職に就いて能力を発揮するのではないかと期待していたため、退職は内心では残念だった。だが、夫には仕事に集中してほしいという彼女の強い願いがひしひしと伝わってきて、この質問はこれで切り上げることにした。

思い通りにならない夫へのDV

中田さんの動向が気になり、それから数か月の間は1度会って取材したほか、メールでもやりとりしていたのだが、その後、ぱったりと連絡が途絶えてしまう。こちらからメールなどをしても返事がない。携帯電話は着信拒否されてしまった。もとは、女性が仕事や私生活の様々な場面で直面する問題を社会に伝えてほしい、と取材に協力的だっただけに、彼女の身に何か好ましくない出来事が起こったのではないか、そんな予感がした。

だが、連絡手段がなくなってしまった以上、為す術がない。返ってくるあてのないメールを一方的に送信しつつ、途方に暮れていたある日、彼女から突如として1通のメールが届く。2016年のことだ。私が近況報告として、仕事と母親の在宅介護との両立が困難を極め、職場で孤立して心身ともにまいっている、と思わず漏らしたメールへの返信というかたちではあったが、そこには彼女の心情が短い言葉でこう記されていた。

〈奥田さんも大変なのですね。でもあなたは優しい。私はひどいです〉

すぐに返信し、中田さんの近況はいっさい質問せずに、ぜひ近く会って話をしたい点を強調した。彼女からメール連絡があったのは、それから2週間余り過ぎてから。おそらく会うべきかどうか、相当悩んだのだろう。

〈どこまで質問に答えられるかはわかりませんが〉

そう断ったうえで、取材を受けることを了承してくれた。

中田さんが取材場所に指定したのは、自宅ではなく、京都市内にある実家の最寄り駅近くのコーヒー店だった。現れた彼女の姿に目を疑った。トレーナーにチノパン姿。以前から化粧は濃いほうではなかったが、すっぴんで目の下にはクマができている。顔色は青ざめ、無表情だった。

「お顔の色が悪いようですが、取材を始めて大丈夫ですか？」

挨拶もそこそこに、私の質問も待たずに口火を切ろうとする中田さんの挙動が心配で、取材を始めるまでにしばし時間を置いたほうがいいと咄嗟に考えたのだが、彼女はお構いなしに話を始めた。

「実は……夫に、手を上げて、しまったん、です。いわゆる……ＤＶ（ドメスティック・バイオレンス）というもの、ですね……」

表情はまるで能面のように微動だにしない。が、言葉はこれまでの彼女からは考えられないほど、たどたどしく、一つひとつの言葉を吐き出すたびに息切れがして苦しそうだった。

本人の気持ちがどうであれ、明らかに具合の悪そうな相手への取材はこちらの判断で制止せざるを得ない。

「中田さん、やっぱり少し休みましょう。どうか、そうさせてください」

「は、い。わかりました。じゃあ……休んでいる、間、奥田さん、次の質問を考えておいて、ください。何でも、答える、準備は、できて、います、から……」

彼女はそう言うと、2、3分、目を閉じて呼吸を整えた後、不安定な足取りで化粧室へと席を立った。戻ってきたのは、20分近く経った頃。着席後、彼女はしばし無言だったが、視線を上下左右に揺らしながらも、私の視線とぶつかるたびに、目で「話したい」と訴えているように感じた。彼女はつらい心情を必死に打ち明けようとしてくれている。何としてもその思いに応えたい。そう強く心に決めたのを、昨日のことのように覚えている。

「大丈夫ですか。では、取材を再開しますね。途中で止めたい時は言ってくださいね。先ほど、ご主人に対しての行動について、『手を上げた』『DV』とおっしゃいましたが、具体的にどんな理由で……つまり、ご夫婦の間に起こったどのような出来事やそれに対する感情によって、そのようなことになったのですか?」

「夫が、あまりにも、私の思い通りに、ならないから……」

「思い通りにならない、とはどういうことですか?」

「仕事を頑張って必ず出世する、と約束してくれはったのに……。結局、競争に負けて、課長になれなかっただけでなくて、子会社に出向させられて、しまったん、です。出向だけでも降格人事やのに、そこで役職さえついていない、んですよ……」

「それでつらかったのですね」

「つらい、どころじゃ、ない、ですよ。私は、夫に、管理職に就いて、周りから高い評価を受ける、という夢を、かけたんですから。それやのに……」

今度は声を荒げ、血が頭に上っているようだ。

以前の取材で語ったように、彼女が会社を辞めたのが自分の意志であることに嘘偽りはないだろう。しかし、仕事と家庭の両立という道を捨て、専業主婦になったことが結果として、夫に過度な期待をかけ、また跳ね返って自身をも苦悩の淵に立たせることになったように思えてきた。

「大丈夫ですか?」

「ええ、続けさせて、ください」と彼女は言って、コップに半分ほど残っていた水を一気に飲み干した。そうして、少しも休むことなく、こう言葉を継いだ。

「『悪かった』。夫が言ったのは、そのひと言だけ。完全に仕事でやる気をなくしてしまって……。それで、急に娘に構い始めて、子育てを手伝おうとするんです。とんでもない！　最初は口喧嘩だったのが、もう我慢できなくなって、つい……。夫に部屋の中の物を投げたり、素手で殴ったり……。大変なことをしてしまった、と気づいて、すぐに救急箱を持ってきて額や腕にできた傷の手当てをしたんですが、だんだんエスカレートして、救急車で運ばれる、までに……。私が投げた陶器の花瓶《かびん》が頭に当たり、その勢いで壁にぶつかって脳しんとうを起こしてしまったんです……。暴力の反省でいったんは夫に優しくなるんですが、また怒りがふつふつと湧《わ》いてきて、暴力を振るう——の繰り返しで……。本当に私は、ひどい、です」

　夫へのＤＶが始まってから3か月ほど過ぎた頃、夫は自宅マンションを出た。それから半年が経つという。夫は自宅から歩いて約10分の場所にワンルームマンションを借りて1人暮らしをしている。一方、中田さんは夫が自宅を出てほどなくして、娘を連れて京都の実家に移り住んだ。夫は今、毎週末に1度、実家を訪れているが、互いに軽く目で挨拶するだけで会話を交わすことはなく、娘との時間を過ごして1、2時間で帰っていくという。実母の勧めもあり、彼女は精神科のクリニックを受診したところ、躁《そう》うつ病と診断され、投薬治療を受けているということだった。

「これからご主人とどうされたいとお考えですか？　酷な質問をしてすみません。でもどうしても、聞いておきたいのですが……」

「もちろん、やり直したい、です。でも、どうすればいいものか……」

中田さんはそう言って、片手の掌《てのひら》を額に当ててうなだれた。テーブルの上に置かれたもう一方の手の上にそっと手を添えることしか、私にはできなかった。

男は「沈黙の被害者」

夫婦間のＤＶというと、男性が加害者で女性が被害者という先入観が根強い。しかしながら、実は男性のＤＶ被害者が増えており、行政ばかりか、ＮＰＯなど民間でさえ、男性被害者への支援が行き届いていないのだ。例えば、ＤＶ被害者の一時保護施設（シェルター）は保護対象を女性に限定しているため、男性被害者は妻に居場所を知られないようにするため、インターネットカフェなどを転々とするしかない状況となっている。また、他者につらさを打ち明けたり、悩みを相談したりしにくいという男性独特の性向のために、「沈黙の被害者」となってしまっているのが実情なのである。

警察庁の調査によると、ＤＶ被害者の男女の割合は、男性が２０１０年には２・４％だったのが、2016年には15・0%と6倍強にも激増している。また、内閣府の2014年度「男女間における暴力に関する調査」では、配偶者からDV被害の経験があった人の性別は女性が23・7%で、男性も16・6%を占めた。DVの内容別では（「身体的暴力」「心理的攻撃」「経済的圧迫」「性的強要」の4つの選択肢から複数回答可）、「身体的暴行」が、被害男性は10・8%、被害女性は15・4%と、いずれも最も多かった。配偶者からのDV被害経験者のうち、被害について「誰かに打ち明けたり、相談したりした」人は、女性が50・3%に上る一方で、男性は16・6%にとどまっている。無回答を除き、男性の実に約8割（75・4%）が相談していなかった。

また、内閣府がまとめた、2014年度の全国の配偶者暴力相談支援センターが受けた「配偶者からの暴力が関係する相談」、つまりDV被害者からの相談は、女性が10万1339件に対し、男性は1624件と、全体のわずか1・6%に過ぎなかった。

専業主婦をもっと認めるべき

2017年秋、約1年ぶりに再会した35歳の中田さんは、大阪の自宅で暮らしていた。躁うつ病は回復し、今は必要な時だけ精神安定剤を服用しているだけだという。夫と別居してから１年近く、彼女が娘とともに自宅に戻ってから半年余り経つものの、まだ夫との同居は実現していなかった。

自宅マンションのロビーに設けられた談話スペースに招き入れてくれた中田さんの隣では、5歳の長女があどけない笑顔を見せていた。彼女は長女を優しく見やりながら、柔和な雰囲気を漂わせている。何より表情が穏やかだったことに、ほっとさせられた。

「少しずつでも良い方向に前進しているようで、良かったですね」

「ありがとうございます。夫は今では、土日も含めて週に3、4日は自宅に来ていますし、しばらく前から週末は泊まっていくようにもなりました。私は夫に会うたびに暴力を振るったことを謝り続けてきましたが、そのたびに『もう謝らんでええよ』と明るく言ってくれます。それに、大阪の人ならではのジョークで、私と娘を笑わせてくれて……。夫は心の温かい人で、こんな私を見捨てずにいてくれはって、本当に感謝しています」

「ご家庭のことについて差し出がましいことを言ってすみませんが、そういう状況でしたら、もうそろそろ同居されても……」

「ええ、そうかもしれませんね。夫は私と娘が自宅に戻ってしばらく経った頃から、また一緒に住まないか、と言ってくれているんですが、実は……私のほうでまだ踏み切れなくて、待ってもらっているんです。もう過去の過ちを繰り返すことは絶対にありませんが、もう少し今の良好な関係を続けてからと……。でも、もうすぐだと思いますよ。その時には、また奥田さんにご連絡しますね」

彼女の瞳は氷を含んだように輝いていた。

いよいよこの時、がきた、と思った。7年余りの取材を通して、中田さんが人生の節目節目で、女性特有の困難に遭遇して悩んできたことを知った。本人から、ぜひとも確認したいことがあったのだ。

「これまで仕事と育児の両立や退職、そして夫婦関係での残念な出来事と、いろいろと経験してこられましたが、今改めて振り返り、どう感じていますか？　また、あの時違った選択をしていたら、と思うことはありますか？」

また酷な質問をしてしまった。が、彼女は明るい表情のまま、こう答えてくれた。

「難しい質問ですね。逆の順番で答えると、まずあの時、違った選択をしていたら、と考えることは、しょっちゅうですよ。それが女の性《さが》というものなんやないでしょうか。しょうがない、今の人生が自分に合っているんだと、ようやく前向きに考えられるようになりましたが、以前はそうではなかった。例えば、育休後に職場復帰して、自分がもう必要とされていないと感じた時は、『ここにいるのは本当の私じゃないんだ』と必死に言い聞かせて……それで、退職することで、専業主婦として、自分を取り戻そうと躍起になったんです。でも、思うように家庭における私の価値を見出せなかった。それが、もとから望んでいたことではあるんですが、あまりにも強過ぎる夫の出世への期待につながっていったように思います」

難しい問いはまだ続く。

「では、自分の意志や行動とは別に、あの時、職場が、家庭が、社会が、つまり中田さんを取り巻く環境が異なっていたら、もう少し楽になれたのにと考えることはありますか？」

「会社を辞めてから4年経ちますが、当時の私と同じように子育てしながら仕事で能力を発揮できずに悩んでいる女性は今も多いでしょう。会社は、育児中の女性に対して、将来のキャリア形成を考えて仕事を与え、正当な評価をするべきだと思います。社会については、専業主婦になってから強く感じたことですが、家庭生活で活躍している女性をもっと認めるべきです。働く女性ばかりが称賛されていて、そんな世間の目が気になって、私はこんなに頑張っているのに……と、切ないような苦しいような気持ちにもなりましたから。最後に夫については、私が一方的に理想を追い求め過ぎていたことが一番悪いんですが、夫婦が互いに心を開いてコミュニケーションを取るべきやったと反省しています」

２０１０年の最初の取材時、暗記してきた原稿を読み上げるようだったのとはまるで別人のように、実に自然な話し方で率直な考えを述べてくれた。

それから2か月後、中田さんから夫との生活が再び始まったと連絡が入った。夫には２０１７年秋の取材直後から、彼女を通じて、会って話を聞きたい旨のお願いをしていたのだが、承諾は得られなかった。だが、彼女からの同居再開の連絡からほどなくして、夫からメールをもらった。本人の了解を得て、一部を紹介する。

〈妻が暴力をふるった原因は、私にもあると考えています。私には、彼女を家庭のために自分の仕事を犠牲にして退職させてしまった、という引け目がありました。なので、実は会社の経営が傾き始め、自分も昇進できないだけでなくリストラされる危険もあることを、左遷されるまでの経緯をまったく話せてませんでした。（略）その後、夫婦それぞれが思っていることを語り合って、誤解があったこともわかりました。（略）互いにつらいことを話せる夫婦でいたいと思っています〉

中田さん夫妻は今も、心を通わせることのできる夫婦関係の再構築に向け、着実に歩を進めている。

４ 女の生き方に勝ち負けはない

正社員での再就職の難しさ

女性の社会進出への障壁を取り除くことをはじめ、男女の賃金格差の是正、非正規の処遇改善など公的な領域での女性に関する問題が盛んに議論される一方で、家庭という私的領域で地道に頑張ってきた女性たちが様々な壁にぶちあたり、苦悩している姿がクローズアップされることはほとんどない。だが、ここにも社会の構造的な問題が横たわっているのである。

世の趨勢《すうせい》として、専業主婦は減少傾向にあるのは周知の通りだ。共働き世帯は１９９０年代半ばを境に、専業主婦世帯を上回っている。２０１６年は専業主婦世帯が６６４万世帯に対して、共働き世帯は１１２９万世帯と１・７倍に上る。また、結婚、出産、育児期に当たる年代でいったん低下し、子育てが落ち着いた時期に上昇する「Ｍ字カーブ」と呼ばれる、女性の年齢階級別労働力率は、１９７６年には25～29歳の44・３％がＭ字の底だったが、この年代の労働力率は次第に上がり、約40年を経た２０１７年には82・１％と、逆に年齢階級別で最も高くなった。女性の晩婚化、それに伴う出産年齢の高齢化の影響が大きいと考えられるが、2017年のM字の底である年代は35~39歳と約40年前に比べて10歳上昇するとともに、M字の底の労働力率は73・4%と年々上昇し、M字カーブ自体が消滅したともいえる。ただ、M字の底の労働力率が上昇したとはいえ、働く女性の6割弱（55・5%）を非正規雇用が占める。厚生労働省の2016年「国民生活基礎調査」によると、子どものいる女性で「仕事あり」は67・2%で、子どものいる有業者のうち「正規の職員・従業員」は22・0%にとどまっている。

再就職した既婚女性の中には家庭での役割との兼ね合いから、自ら非正規を望んでいる場合も少なくないが、結婚や出産を機にいったん退職すると（出産前に就業していた女性の5割弱が第1子出産後に退職）、正社員としての再就職はなかなか難しいのが現状だ。待遇面でもやりがいという面でも、再就職で自身が思い描いた通りの働き方をするのは難しいため、就労自体を諦めたり、不本意ながら職務の質や処遇の低下を受け入れて非正規の仕事に就いたりするケースも多いのである。

母役割の基準が高い日本女性

本章で紹介した3つの事例のうち、2つは総合職入社で当初は結婚、出産後も仕事を続けるつもりだったが、働く意義を見失うなどしたことから、結婚を機に、また育休明けからほどなくして退職したケースだ。２人とも、家庭に自分が〝主役〟となれる居場所を求め、自己の存在価値を高めようと必死だった。だが、そうしたアイデンティティーの再構築を図る手段として、大下さんはわが子の〝お受験〟、中田さんは夫の出世を選び、いずれも過剰な期待を抱いたために、親子、夫婦関係に亀裂を生じさせてしまう。

最初に紹介した川口さんはもともと専業主婦を志向していた点で、他の２つの事例とは異なるが、他者・社会から認められたい、評価されたいという承認欲求が強い点は全事例に共通している。それゆえに、夫から女性として見られなくなったという不満、それに追い打ちをかけた夫の不倫から、自らのアイデンティティーを失いかけ、常軌を逸した行動に出てしまった。わが子が思い通りにならないという、母親としての深い悩みを抱え込んでいた点では大下さんと同様だ。

日本の家族などをテーマに研究している米国の心理学者、スーザン・Ｄ・ハロウェイは、日本の母親は育児に手間暇をかけて熱心に取り組み、諸外国から称賛されているにもかかわらず、子育てに不安やストレスを抱き、自信を失っている割合が、米国、英国など先進国や、韓国、中国などアジア諸国の中で最も高い、と分析している。

ハロウェイは各国の母親へのインタビュー調査などから、日本の母親たちが子育てに高い基準、つまり高度な到達目標を設定し、子育てを難しいと感じていると指摘。自分の行動を振り返り、理想のモデルに照らし合わせて自己評価しようとする際に、不安やストレスを感じやすい点を強調している。つまり、諸外国と比べて日本女性は母役割の基準が高いために、それを満たせないと自分自身を責めてもがき苦しんでしまうというのである。

専業主婦の女性は、母親としての生き方を唯一無二のアイデンティティーとして重視する傾向が強いため、母役割に対する理想と、それを十分に叶えられていないと自己評価する現実とのギャップに思い煩う度合いは、なおいっそう強いといえるだろう。

女性は仕事以外でも活躍している

専業主婦特有の悩みを抱えたうえに、同じように家事・育児に専念している女性同士で競争するつらさだけでなく、特に正社員として働く女性たちと自身を比較した挙句、今からではとても彼女たちに追いつけないという〝落伍感〟を抱き、追い詰められていくケースは実に多かった。そうして、彼女たちの苦しみの根源には、今女性に求められているのは仕事での「活躍」である、という社会からの大きなプレッシャーがあることを取材を通して痛いほど思い知らされた。

女性の生き方に、「勝ち」も「負け」もない。家庭に入った女性たちも、それぞれの持ち場で懸命に努力し、成果を上げているのは、働く女性たちと同じである。結婚や出産を機に退職し、正社員としての再就職を望む女性の支援策として、かつて就労していた時の経験やスキルを生かし、職場復帰できるような環境を制度面の改革などによって企業が整えていくことは欠かせない。しかし、それ以前に、取材対象者自らが口にしたように、家庭での役割の遂行や地域でのボランティア活動など、様々なシーンで活躍している専業主婦の働きぶりが、もっと評価されてしかるべきである。

仕事以外でも頑張っているのに、周りの人たちは、社会は、どうしてわかってくれないのか――。取材した女性たちの悲痛な叫びが、いまだ耳にこびりついて離れないでいる。

第4章　男たちを襲うプレッシャー

1　女性登用に足をすくわれる

「女性活躍」は男たちの問題でもある

時代の潮流となっている積極的な女性登用に、精神的に追い詰められたり、行き場のない怒りを覚えたりするのは、女性たちだけではない。職場や家庭で彼女たちと深く関わる男性たちも思い煩い、憂鬱《ゆううつ》な日々を送っている。「女性活躍」は男たちの問題でもあるのだ。

長い間、男性が管理職など指導的地位を独占し、賃金など待遇面でも優位に立ってきた日本の企業社会において、そもそも女性は正社員の数が少ないうえ、管理職のロールモデルが皆無に等しい状況の会社も多い。前例に乏しいなかで、今企業の対外的なＰＲにもつながる女性登用を一気に推し進める難しい役目を担っているのもまた、男性である。

育児など家庭との両立支援策の充実に手一杯であるにもかかわらず、さらにベクトルの異なる女性の管理職登用まで課せられた男性幹部社員にとって、第１章でも述べた管理職就任への打診を断る女性社員の増加は、自らの立場を危うくし兼ねないリスク要因ともなっている。また、ポスト獲得をかけ、長時間労働などにも耐えて日々闘ってきた男性社員の中には、降って湧いたような女性管理職を増やす動きに対し、「過剰な女性優遇」「逆差別」などと憤りを露にする者も少なくない。

一方、家庭においても、「女性活躍」は男たちにとって悩みの種となっている。管理職に昇進していく妻に複雑な心境を抱きながら、子育てに躍起になるあまりにわが子との間で問題を起こしてしまう男性もいれば、キャリア志向だった妻が突如として仕事を辞めたことに負い目を感じつつ、自身が思うように出世できずに自暴自棄になってしまう男性もいる。

取材を続ける過程で、彼らの想像を絶する苦悩が徐々に明らかになってきたのだ。職場や家庭で、男たちを襲う「女性活躍」プレッシャーの実態に迫る。

「チャンスを無駄にするとは……」

南関東に本社のある物流会社で倉庫部門の部長職にある今井栄太《いまいえいた》さん（仮名、52歳）に出会ったのは、２０１６年。私が講師を務めたある講演会がきっかけだった。現代社会における中年男性の生きづらさをテーマに講演し、来場者からの質疑応答を終えた後、控室に戻ろうとする途中に後ろから呼び止められた。この種の主題の講演会では用意された時間には他の参加者の手前もあって質問を控え、終わった後に個別に声をかけられるケースも珍しくない。質問内容はてっきり、この日のテーマであった男性のこと、つまり自分自身のことに関してだと思ったのだが、実際には全く異なった。

「実は、女性社員のことで困っているのですが……」

控えめながら、表情からは切実な様子が伝わってくる。講演会主催者との懇親会の時間が迫っていたため、その場では質問の概要と連絡先だけを聞いた。メールでのやりとりを経て、女性の管理職登用の問題について、取材というかたちで話を聞くことになったのだ。

今井さんが身を置く物流業界は、全産業の中でも男性従業員が多数を占める主たる業界のひとつだ。彼の会社でも正社員の男女比率が9対1と女性が極めて少ない状況下で、十数年前から女性の総合職採用を増やし始め、現在、総合職の採用実績で女性は約3割を占めるまでに上昇した。女性の職務遂行能力に早くから注目し、数年前まで所属した人事部で積極的に女性の登用と人材育成を推し進めたのが、今井さんだった。

倉庫、配送業務の管理から営業まで、徐々に女性総合職が経験する仕事も広がり、全社的に女性が能力を発揮する機会は順調に広がっているように見えた。ところが、いよいよ彼女たちの管理職への登用という段になって、問題が生じてきたのだという。

「女性はコミュニケーション能力が高く、仕事の飲み込みも早いから、育てがいがあります。

実は、うちの会社では採用試験で女性のほうが男性よりも成績が優秀なので、内々に下駄を履かせて男性を多く採用してきた経緯があります。男性従業員の多い企業では多かれ少なかれ行われていることでしょう。だから、有能な女性総合職を増やしたうえで管理職にも登用して、というのは自然の流れなんです。それに法律もできましたから、社外的にも女性が活躍する企業をアピールしていかなければならない。それなのに、本人たちは管理職就任の打診を断るんです。せっかくのチャンスを無駄にするとは……。手塩にかけて育てた子どもに裏切られたような気持ちです。いくら説得しても首を縦に振らないので、どうしたらよいかと……」

彼は額に汗をにじませ、心底、困り果てているようだった。

男性上司と候補女性の溝

今井さんの会社では約10年前に初の女性課長を誕生させて以降、少しずつながら女性管理職を増やしてきたが、いずれも独身か結婚していても子どものいない女性で、まだ部次長以上の女性の役職者はいないという。当然、喜んで課長職昇進の打診を承諾すると思い込んでいた部下の女性社員から断られたというショックが先に立ち、彼は、彼女たちがなぜ、課長職就任を拒んでいるのか、その理由を理解できていない様子だったのが気になった。まず彼から状況を聞き出し、女性部下の心情を推測するしかない。

「その管理職就任への打診を断った女性社員は、理由について何と言っているのですか?」

「私の部署では40代の2人が課長候補に挙がっているのですが、両名とも子育て中でして……いずれも結婚した年齢が比較的遅かったので、子どもがまだ小学生なんです。それで……家庭と両立しながら管理・監督業務を担う自信がない、とか、先輩女性で子どもがいて管理職に就いている女性がいないので不安が大きい、とか言っていますが……正直言うと、真意をはかりかねています。自信のなさや不安は、これからも家庭との両立を支援して仕事の時間や量に配慮する一方で、新たに管理職に必要な能力を磨く研修を行うなど、こちらで何とでもできることで、実際にそのようにするから、と説明しているんですが、ダメなんです」

もともと女性従業員の少ない社内で女性の能力を買い、積極的に登用を進めてきた今井さんからすると、「手塩にかけて育てた」女性部下の態度は、到底理解し難いものであったことは想像に易かった。とはいっても、家庭と両立しながら管理職に就いている女性社員が社内で皆無であることや、対象となる女性社員が、過去の育児休業や一時期の短時間勤務、残業免除などの配慮によって、逆に指導的地位に就くためのスキルや経験を積む機会を逸してきたのだとすれば、いくら今後研修を行うと説明しても、本人たちにとって「自信がない」「不安が大きい」というのは、ポスト就任を拒むのに妥当な理由ともいえるだろう。

「女性活躍」の推進役の男性上司と、候補に挙がった女性部下、それぞれの女性管理職に対する考え方の溝を埋める手立てはないものか。その場では思考が堂々巡りをし、今井さんに対して十分なアドバイスもできないまま、初回の取材は終わってしまった。

それから数か月後、２０１７年の新年度を間近に控え、今井さんに女性登用の状況を尋ねると、自身の部署からはゼロで、全社的にも目標を大きく下回る結果となった。このため、策定・公表が義務づけられた行動計画の数値目標を下方修正することになったという。

「以前は数値目標を設けて、着実に達成していくことが、女性にさらなる活躍の場を与えて、彼女たちのためになると考えていました。でも、厳しい現実に直面すると、そのような方法で女性登用を進めていいのか、少しずつ疑問を抱くようになりました。ただ、じゃあどうすれば、最もうまくいくのか、女性の能力に期待して応援してきた私自身でさえ、正解がまだ見つけられないでいます」

今井さんの表情には悔しさがにじみ出ていた。

女性登用は最大の壁

メーカーの東京本社で現在、部長を務める遠藤《えんどう》恭二郎《きょうじろう》さん（仮名、51歳）には２００７年、成果主義の根幹をなす人事考課制度をテーマに、第一次考課者として部下を考課し、また自らも上司から考課される中間管理職の悩みや不安を聞くために会ったのが最初だった。当時41歳で総務部門の課長職にあった彼は、仕事の成果を数値化するのが難しい総務職で、部署ごとに定められた賃金原資を振り分けるため、部下を半期（半年）ごとに5段階に相対的に評価しなければならない矛盾を語った。と同時に、自身も上司から査定を受けるため、人事考課制度に批判的な考えを持っていても、会社の方針に従わざるを得ないつらさを打ち明けてくれた。

２００８年のリーマン・ショックを契機に経営不振に陥った遠藤さんの会社は、大規模なリストラ策を強行する。当初は工場勤務の派遣スタッフなどの契約期間途中での解雇など「派遣切り」が中心だったが、やがて正社員を対象にした子会社への出向・転籍や希望退職の募集、退職勧奨などへと広がっていく。人員削減策が一段落した２０１０年、人事部の課長としてリストラの実質的な実行役を務めたという彼に取材した際も、「雇用されている者として、会社がどんな矛盾を抱えていても、抵抗することはできない」と苦悩を明かした。

そうして２０１４年になって、遠藤さんを悩ます最重要テーマに「女性活躍」の推進が浮上するのだ。総務部門の部次長となった彼は、女性社員をより積極的に活用するための部際的な推進プロジェクトの事務局長を兼務で任された。会社が女性登用に力を入れ始めたきっかけは、２０１３年に第２次安倍内閣が成長戦略のひとつに「女性が輝く日本」を掲げたことだったという。社内での「女性登用」の旗振り役を命じられた遠藤さんに取材すると、開口一番、人事考課やリストラなど「これまで目の前に立ちはだかったどの壁よりも大きい」とその難しさを強調した。

「女性を管理職に登用し、活躍してもらおうという考え方に全く異論はありません。ただ、それをどのように進めていくのかという運用面には課題が山積みです。女性の正社員自体が少ないなか、女性登用より先に育児との両立支援策を打ち出して、今ようやく軌道に乗り出したところなんです。子育て中の女性社員に育休や時短勤務などの配慮をしながら、同時に積極的に管理職に登用しようというのは、どこか矛盾するようで……。独身か結婚していても子どもがいない女性で課長職に就いている者はいますが、そうした女性を優先して登用すると、女性間の差別になる。男性社員からしても、不公平と捉えている者は実に多いんです。同じぐらいの能力なら、女性を優遇しようという流れになっていますからね」

遠藤さんは様々な難題を1人で抱え込み、懊悩しているように見えた。

計画未達成で自身の評価がガタ落ち

この取材の2年後に女性活躍推進法が施行され、大企業などに女性管理職の数値目標などを盛り込んだ行動計画の策定・公表が義務づけられることになるのだが、遠藤さんの会社でも行動計画作りが着々と進められた。ただ、実行に移し始めてから、計画との間のギャップがさらに鮮明になったのだという。

総務部門の部長になった遠藤さんは2017年、改めて女性登用を推進するにあたっての課題について話してくれた。

「そもそも、社内から自発的に沸き上がった方針というよりは、国が女性の積極登用の方針を掲げたという外的要因に促された面が強かったせいもあって、女性社員の現状を十分に把握できていないまま、見切り発車的に計画づくりをスタートさせてしまったのがよくなかったのではないかと思います。実際に行動に移す段階になって、管理職候補の女性社員たちと面談してみると、多くが現状維持、つまり管理職への昇進を拒みました。結果として、初の部次長職1人が誕生したものの、課長職と合わせて女性の管理職はいまだに全員、独身と既婚でも子どものいない女性たちです。それから……あっ、いえ……」

珍しく、遠藤さんが口ごもった。何か抱えている思いを吐き出そうとして、飲み込んだように見えた。

「どうされましたか？　思っていることは何でも話してくださいね。私は、『女性活躍』の推進は、男性にも大きな影響を与えるテーマだと思っていますので……」

「やはり、そう、ですよね」と、彼が即座に反応する。そして、こう続けた。

「実は、女性の管理職登用は、経営陣から期待された任務でした。それが、難航し……私の立場も正直、危うくなってしまいました。本来ならすでに2、3年前に古巣の営業か、経営企画の部長になって、もうすぐ平取締役兼本部長という出世コースに乗っていないといけないのですが……行動計画の目標が達成できなかったために、人事評価がガタ落ちしましてね……。これまでも成果主義や人員削減策など幾度となく社の方針に矛盾を感じながらも、決して抗《あらが》うことなく我慢して従い、出世の階段を上ってきましたが……思いもよらない女性登用に足をすくわれた。何ともやるせない気持ちでいっぱいです……」

遠藤さんはそう消え入るような声で言い終えると、つらそうにうなだれた。

2　女性優遇は「逆差別」？

管理職争いに負けたら「男が廃《すた》る」

２０１１年、関西に本社のある流通業で商品開発部門の主任職に就いていた、当時35歳の小野寺進一《おのでらしんいち》さん（仮名）は、成果主義の浸透にあわせて管理職削減が進む組織で、ポスト獲得競争に挑む意気込みについて、挨拶も早々にこう、思いの丈をぶつけた。

「僕は団塊ジュニア世代で競争相手が多かったから、大学受験も就職も大変やったんです。大学は第一志望に落ちて二流に入学して、就活では１００社近くも受けて、ゼミ長としてフィールドワークなどで出した成果や、社会貢献のサークル活動代表の経験を必死にアピールしたんですが……結局、大手はダメで、就職でも二流止まりでした。でも……いや、だからこそ、課長職のポスト争いだけは絶対に負けたらあかん。やっぱり、指導的な責任ある地位に就いて出世していって、会社を改革してみたいんです。成果主義は結局、人件費削減策で、管理職ポストが減っていて、僕の今の役職なしの主任という職位も数年前までは係長職で一応管理職だったんです。とても厳しい闘いですが、ここで負けたら男が廃りますわ」

インタビュアーである私の質問に答えつつ、それ以上に自分自身に今一度、言い聞かせているような口調で、表情には気迫がこもっていた。

一方で、リーマン・ショック以降、人減らしが正社員にまで及び始めていることを小野寺さんは危惧していた。ただ、その危機感が逆に、これまで彼曰く「二流」に甘んじてきた己をなおいっそう奮い立たせているようでもあった。

「10歳からひと回りぐらい上のバブル世代が今ちょうど、ポストに就けないばかりか、リストラの標的にまでなっているんです。でも、冷たいと言われるかもしれませんけど、僕は彼らをかわいそうやとは思いませんよ。だって、学生時代にバブル景気を謳歌《おうか》したうえに、好景気でイケイケの会社が大量採用したために、通常は自分の能力では入れないようなレベルの高い会社にも入社できたわけですから。そんな自分の立場にあぐらをかいてきたバブル世代と、僕は全然違う。入社してから長時間労働や困った上司との人間関係にも耐え続けて、しっかりと成果を上げてきたんです。そのお陰で、今見渡しても僕より能力が高くて、上司へのゴマすりにも長けた、課長職狙いのライバルは一人もいませんわ」

ポスト削減やリストラへの危機感、バブル世代への憎しみを吐露したかと思うと、最後は自信満々の物言いだった。厳しい職場環境に戸惑いながらも、管理職に就いて組織を改革したいという高い志を持った小野寺さんならきっと、目標を達成するに違いない。その時はそう思っていた。

後輩女性から不意討ちを食らう

しかし、小野寺さんの管理職ポスト争いは意外な結末を迎える。2017年、彼は企業本体を離れ、子会社の倉庫会社のマネジャー職に就いていた。以前はこめかみにわずかにしか見られなかった白髪が頭髪全体をグレーに染めるほど増え、ほうれい線も目立つ。41歳という実年齢よりも、10歳以上年を取っているように見えた。

小野寺さんには前回の取材から1年ほど経った頃に会って話を聞いたが、その後は取材を申し込んでも断られ続けていた。この年、私は転職して関西に移ったが、長年勤めた新聞社を断腸の思いで辞職したことや、中年期の再就職の難しさなど、ここまでに至る経緯と率直な思いをしたためた手紙を彼に出したところ、前の職場からの転送で受け取ったという彼から、メールで連絡をもらい、再会が実現したのだ。

「奥田さんもいろいろと大変やったんですね。詳しくお知らせしていませんでしたが、3年前に今の会社への出向を命じられました。出向というかたちにはなっていますが、『片道切符』で数年後には転籍することになるでしょうし、もう流通本体に戻ることはありません。一応、放り出すので何か肩書をつけてやろうってことで課長相当のマネジャーとなっていますが、給与は前の本体での主任の時とほぼ同じです。まあ、ぐだぐだ説明してもしょうがないですね。ズバリ言うと、僕は負けたんです。それも年次が下の女性社員に、ね」

いよいよ課長職を手にする時期とにらんでいた２０１４年、38歳の時、所属部の部長に呼び出され、５段階評価で下から２番目と、２段階も急落した考課結果を突きつけられるのと同時に、子会社への出向を命じられた。評価に納得がいかず、理由を尋ねると、部長は言葉を濁しながらも、「女性の後輩への指導が苦手、ではな」とボソッとつぶやいたという。

「自分が就任するはずだった」という商品開発部門の課長ポストを手にしたのは、同じ部署でともに働き、入社年次が２期下の女性だった。当時、社内で30歳代半ばでの課長就任は、男女を問わず最年少だった。

「奥田さん、これって、逆差別やないですか⁉　せっかく待ちに待ったポストが目の前だったのに……。ちょうど社内で女性の管理職を増やそうという動きが高まって、少ない総合職の女性の中から、独身で、外面《そとづら》が良くて幹部に気に入られていたあの女が選ばれたんです。つまり、過剰な女性優遇ですわ。それに……僕は彼女とはどうしても反《そ》りが合わなくて、何度か衝突したことがあったんです。上としては、彼女は他の部署の課長でもよかったと思うんですが……あの女がきっと、僕のことを悪く言って、蹴落《けお》とした。僕は不意討ちを食らったんです……」

そう言い終えた小野寺さんの表情は、一段と生気《せいき》が失せているように見えた。

ロールモデルを育てる使命

メーカーで人事・労務畑を歩んできた高橋亮《たかはしりょう》さん（仮名）を最初に取材したのは、2012年のこと。今ほど女性の管理職登用の機運が高まってはいない当時、すでに積極的に女性を活用していた高橋さんが勤務する会社の具体的な取り組みやその狙いを取材するとともに、3人の女性課長へのインタビューを通して彼女たちの実像に迫るのが主な目的だった。

広報を介して紹介された人事課所属で40歳、役職なしの彼は、社の女性登用の経緯などについてわかりやすく説明し、女性課長たちの仕事の実績からライフスタイル、趣味まで、取材の押さえどころとなる重要ポイントを事前に教えてくれるなど、〝主役〟の女性陣を盛り立てる〝脇役〟として、取材を進めるうえでなくてはならない存在だった。

企画や広報などで課長を務める女性たちは30歳代終盤から40歳代前半で、1人が独身で、

２人が既婚者。既婚者２人のうち１人は子どもがおらず、もう１人は小学生の子ども１人を育てていた。ライフスタイルの異なる女性課長を取材対象者に選んでくれたのは、高橋さんの配慮だった。個々人を対象としたインタビューとは異なり、会社が前面に出る取材のため、どこまで本音を明かしてくれたかはわからないが、女性課長たちは管理職の職務のやりがいと難しさを語り、活躍の場を与えてくれた会社への感謝の言葉を口にした。いずれも肩に力が入らず、自然体で話してくれたことに好感を抱いたのを覚えている。

それ以上に鮮烈に印象に残っているのは、高橋さんが取材の最後、それまでになく表情を引き締めて語った内容だった。

「企業にとって、女性社員をいかに活用していくかということは、非常に重要な課題です。今、当社で後輩女性たちのロールモデルとなるべき有能な女性管理職を育てていくのが、われわれ人事担当者の使命だと考えています。そして、女性課長、女性部長などと、肩書を紹介する時にわざわざ『女性』と付けなくてもいい時代に早くなってほしいです」

高橋さんの指摘に強く共感し、またこのような男性社員が使命感を抱いて、女性が活躍できる環境を整えていることに感銘を受けたものだ。

女性課長の尻拭い役

しかし、その後、高橋さんは自身の使命として打ち込んでいた女性の管理職登用という職務そのものに、翻弄されてしまうことになる。

最初の取材時にすでに課長職への昇進時期を迎えていたが、その後次々と同期に先を越され、人事課で役職なしのまま女性登用を進める環境整備などの仕事に取り組んでいた。そして2014年、「次こそ自分」と期待していた人事異動で彼が任されたのは、人事部内に新設された女性登用をさらに推進するための専門部署の課長代理だった。課長には人事の経験は初めての、入社年次が3期下の女性社員が抜擢された。その女性課長は39歳で、小学生の子ども2人を子育て中という。一方、高橋さんの課長代理という肩書は、ポスト削減で数年前になくなった役職を復活させたもので、部長からは「近いうちに人事か労務の課長に昇進させるから、しばらく彼女（新任の女性課長）の面倒を見てやってくれないか」と言われたのだという。

課長代理就任から半年後、帰宅時に経由駅近くの喫茶店で取材に応じてくれた高橋さんは、悔しそうにこう心情を明かした。

「同期の中でなにがしかの実績を上げてきた者はみんな課長になったので、とても焦っています。課長になった者たちに、私は能力的に少しも劣っていませんから。むしろ、最も結果を残してきたのは、この私なんです。確かに、新部署ではこれまで取り組んできたことをさらに発展させる職務ですから、ある程度やりがいはありますが……。女性課長は子どもがかぜを引いたり、学校イベントがあったりすると、重要な会議があっても平然と欠勤します。家庭との両立という点では一定の配慮は必要ではありますが、いざ自分の直属の上司となると、正直不満も感じます。それに、『女性の活躍』『ダイバーシティ（多様性）』という言葉や概念、そして肝心の当社の取り組みさえ十分に理解していないですし、先が思いやられます」

ただ、この時点では、彼は職務について意欲を見せており、自らの昇進について決して諦めていたわけではなかった。事態はその後、悪化の一途をたどる。

45歳になった高橋さんは現在、前回の取材時と同じ部署、肩書で職務を続けながら、転職活動中である。

女性課長に様々な知恵や情報を授け、会議や他部署との打ち合わせをはじめ、重要な局面ではいつも、彼女が恥をかかないようにお膳立てをしてきたが、結局、女性課長は能力を伸ばすどころか、失敗を繰り返し、高橋さんはその尻拭いをする羽目になってしまったらしい。

「女性課長は管理職として采配を振れないし、部下との人間関係でもトラブルを起こす始末で……。内々ではあっても、部長から『昇進させるから、(女性課長の)面倒を見てやってくれ』と言われたことを思い出しては奮起して頑張っていたのですが……その部長も関連会社に出ていきました。女性課長の失敗を私が肩代わりするようなかたちにまでなってしまって、自身の人事考課も大きく下がりましたし、昇進の見込みもないまま、ぽつんと取り残されたようなもんです。しばらく前から転職エージェントに登録して人事・労務の経験と実績をアピールしているんですが、年齢に加え、課長以上のちゃんとした管理職にも就いていないですから、なかなかいい結果が出ません。もう、どうしたらいいものか……」

活路が見出せず、高橋さんは憔悴し切った様子だった。

3　妻の「活躍」がプレッシャー

「パパサークル」取材にもどかしさ

「女性活躍」に悩まされているのは、職場の男性だけではない。家庭においても、妻が働いているか、仕事を辞めて家事・育児に専念しているかにかかわらず、苦悶する夫たちは少なくないのだ。妻の出世に複雑な思いを抱きながらも、進んで子育てに関わっていた男性は、育児に熱中するあまりにわが子との間に悲惨な出来事を起こしてしまう。そして彼の心は、思いもよらぬ欲求に支配されていた。

久保《くぼ》剛《つよし》さん（仮名）とは2007年、幼い子どもを持つ父親同士が定期的に集まり、親睦を深める「パパサークル」の取材を通して出会った。当時は「イクメン」という言葉・概念が登場する前で、男性の子育てに積極的に関わりたいという思いの高まりや、育児に関わりたいと願いながらも、実際には仕事が多忙でなかなかわが子と過ごす時間が取れないという悩みなど、父親たちの実情を探るのが目的だった。

パパサークルは、職縁でも地縁でもなく、自治体やNPO法人などが主催した父親向けの講座で出会ったり、異業種交流会から派生したりしたケースが多かった。久保さんに最初に会った時点で、パパサークルを追い続けて2年ほど経ち、参加者の多くが育児の充実感や楽しさを語る一方で、愚痴や悩みなどネガティブな部分は努めて封印しているように見え、彼らの本音に迫り切れていないもどかしさを感じ始めていた時期でもあった。

男性の主体的子育てに違和感

幹事としてグループの取りまとめ役をしていた久保さんは当時33歳で、金融業の東京本店に勤務していた。会合の後、個別に取材に応じてもらい、子育てに関わって良かったこと、そして大変だと思うことなどについて質問をぶつけてみた。

「やっぱり、毎日、心も身体もどんどん変化していく2歳の息子を間近で観察して、成長を肌で感じることができるのは、すばらしいですよ。僕も、大学で同じゼミだった妻も、地方出身で、身近に子どもの面倒を見てくれる親、きょうだいはいません。妻はメーカーの総合職で、出産後も子育てと両立してバリバリ仕事を頑張っています。だから、僕が育児に取り組むのは当然のことなんです。男性の育児協力、とかよく言いますけれど、『協力』という言葉自体が間違っていると思いませんか？　だって、子育てはもともと女性の役割で、男性はそれを補助するというニュアンスじゃないですか。僕は自分の意志で主体的に子育てをしていますからね」

育児の大変さについての言及はなかった。久保さんは仕事のハードなスケジュールにもかかわらず、息子の保育所の送り迎えを妻と半分ずつ交代で担っているだけでなく、炊事や掃除、洗濯まで家事全般にわたって分担しているという。

ただ、仕事で重責を担う年齢に差し掛かっているうえ、これから転勤のある可能性が高い。その際、妻が東京での仕事を続けて子どもと暮らすのであれば、父親として子育てに直接的に関わるのは容易ではないのではないか。次々と疑問が浮かび上がってくる。

「お仕事柄、これからも今と同じように育児を分担していくのは、難しくはないのでしょうか？」と、単刀直入に尋ねた。

すると、それまで流暢に、明るい表情で話していた久保さんがほんの一瞬、答えに窮した。彼は咳払いでごまかし、影が差し始めていた顔をすぐに元に戻して高らかにこう言い切った。

「何とかなるでしょ。仕事も、子育ても、全力で頑張る。これからの男の生き方は、こうでなくちゃ、ね。あっ、はっ、ははは……」

子育てに今後関わっていくことの難しさについて質問してから、わずか十数秒の出来事だったが、その間に久保さんの言動から抱いた違和感や不自然さは、強烈に記憶に残っている。にもかかわらず、この時、私は彼の本心に肉薄することはできなかった。問い詰めてでも、仕事と、子育てや妻との関係など、家庭の問題で追い詰められていることを聞き出すことができていたなら、その後の痛ましい出来事を事前に食い止めることができたかもしれない。今でも無念さを拭い去れないでいる。

「妻の出世は大きなストレス」

久保さんの想像を超えた苦悩を知るのは、２０１４年のことだ。最初の取材から3年の間に2回会って取材をしていたのだが、ある時から突如として面会を断られ、メールや電話でも一切、近況を教えてくれなくなった。それが一変、何の前触れもなく、取材のＯＫが出たのだ。それとともに、指定された取材場所を聞いて驚いた。彼は中部地方の支店に転勤となり、単身赴任をしていたからだ。

週末の午後、自宅マンション近くのファミリーレストランに現れた、当時40歳の久保さんは痩せ細り、少し顔色が悪く見えた。

「ご無沙汰しています。お会いできなくて、すみませんでした。いろんなことがあって、つらい状況からなかなか抜け出せなくて……。でも、今話して……自分自身で気持ちを整理しておかないと……これからちゃんと前に進んでいけないような気がしたんです……」

口調は淡々としていて、以前のような起伏に富んだ声色は鳴りを潜めていた。ただ、彼なりに、前向きな気持ちになろうと必死に努力している姿が伝わってくる。彼の思いをしっかりと受け止めなくては、と己に強く言い聞かせた。

「これまでのことについて、少しずつでもいいので、お話を伺えますか？」

「実は、１人息子が小学校に上がる少し前ぐらいから、妻との仲がうまくいかなくなってしまいまして……。いや、実はもっと前から……最初に奥田さんに取材してもらった時にはもう、僕には漠然とした不安が芽生えていたんです。それでも、進んで育児や家事を担い、仕事を頑張っている妻を応援してきました。不況で経営が思わしくない時期、職場のみんなが懸命に働いているところを無理言って定時で帰宅させてもらったり、保育所や学童保育に息子を迎えに行くためにいったん社を出て、また戻って深夜まで仕事をしたりして、大変だったんです。なのに、彼女は僕の努力をわかろうとせず、『もっと（家庭のことに）協力してよ』などと、ヒステリーを起こして当たり散らすようになって……」

「どうして、奥さまは、ヒステリックになったと思われますか？」

「そうですね……総合職として男性と同じように出世コースに乗って頑張れ、という上司からのプレッシャーもあったんじゃないでしょうか。もともと出世志向はあっても、周りからの期待が強過ぎるとね。課長昇進の候補に挙がっていると、部長から内々に告げられたと言っていた、その頃からです。彼女がイライラし始めたのは。でも、プレッシャーといえば……あっ、いや……」

久保さんは言葉を濁し、私から逸らした弱々しい視線がテーブルの上を浮遊する。

「プレッシャーが、どうかしましたか？」

「……僕にとっても、あっ、そのー……妻が仕事で活躍して出世していくことはプレッシャーで、大きなストレスだったというか……」

妻に必要とされたい〝仮面イクメン〟

久保さんの妻は、1年ほど前に男女問わず同期の先陣を切って、課長職に昇進した。一方で、久保さん本人は約4か月前に、勤務する金融機関では東京本店の課長職より下のポストである支店長代理の肩書で、地方の支店に転勤になったという。

妻が仕事で能力を発揮し、管理職へと昇進していくことを「プレッシャー」と表現した久保さんの真意を、いまひとつはかりかねた。

「プレッシャーというのは、奥さまが仕事により力を注げるように、久保さんが育児や家事になおいっそう協力しなければならない、ということでしょうか？　あっ、いえ……」

うっかり育児や家事の「協力」という言葉を使ってしまい、私自身が口ごもってしまう。最初の取材時に、本来女性が行うべき役割を補助するというニュアンスがあるとして、「協力」という言葉を忌み嫌っていたのを思い出したからだ。だが、彼には引っかかった様子は全く見られなかった。

「まあ、そうですね……。女性が責任ある仕事を任されるということは、実際問題、労働時間も長くなるということですし……夫である私が、妻がしっかりと職務をこなせるようにバックアップしなければならない、というのもありますが……。うーん、そう……でも、いや……」

「他にも、プレッシャーとして何か、あるのですか？」

「実は……僕自身も……出世では悩んでいたんです。妻とは逆で、昇進できないことに。同期との課長ポスト争いには早々と敗退しましたが、まだ可能性は残っていて、何としても再起をかけて……という時期にちょうど、妻が昇進をめぐってイライラし出したのが重なって……。心の底では彼女をライバル視して、嫉妬していたのかもしれませんね。それに、彼女に、僕が順調に出世できなくて哀れ、と思われているような気もして、男として面目《めんぼく》ないというか……」

妻の仕事を応援するために育児・家事を分担し、良き理解者である夫と、妻から敬われるほどに職務遂行能力が高く、出世していくデキる男――その両方の理想を追い求め過ぎるあまり、久保さんは現実とのギャップにもがき苦しんでいたのである。

そうして、積極的に息子の育児に関わることが、精神的苦痛のはけ口となってしまっていたようだ。

「僕は、実のところ……『イクメン』を演じていたんです。子育てに関わり、息子の成長を目の当たりにしたのはいい経験でしたが……会社は仕事と育児を両立する女性には配慮して寛容ですが、男性には厳しいですし、職場に迷惑をかけながら、さらに子育てで疲れて仕事に集中できないのは、心身ともにつらかった。そんな状態が出世に響いたと、やけになった時もありました。結局、良き夫にも、デキる男にもなれずに宙ぶらりんのまま、とりあえず妻に必要とされるために、積極的に育児に関わってやりがいを感じている風を装うしかなかったんです。その、結果、僕、は……とんでも、ない、ことを、しでかして、しまって……」

「イクメン」の〝仮面〟を被っていたと聞かされた後、さらなる衝撃的な告白を受けることになる。

立派な父親であるための「虐待」

言葉を継ぐことさえできなかった荒い呼吸が治まり、自ら発話するまで、10分余りの時間が流れた。久保さんはうつむいていた顔を静かに上げ、こう説明した。

「息子は小学校に入学したあたりから、勉強や礼儀作法など、僕の言うことを聞かないことが少しずつ多くなりました。それに、実際には僕のほうが一緒に過ごしている時間が長いのに、妻が仕事から帰ってくると、うれしそうな表情で抱きつきにいったりして……。だんだんと息子のやることなすこと全部、腹立たしく感じるようになってしまったんです。それで……つい、息子に手を上げてしまって……気づいた時には手足に傷やあざができていました。しつけ、を大きく超えて、虐待、といわれても、否定のしようがありません。それから……別居を経て、転勤で単身赴任です……」

告白を終え、疲れた様子に変わりはなかったが、こころなしか顔の強張りがほぐれたようにも見えた。

病院で手当てを受ける息子の元に駆けつけた妻は、廊下に立ちすくむ夫の胸を無言のまま、こぶしで力いっぱいたたいた後、耳元で「今すぐ家を出ていって」と告げたという。

「なぜ、息子さんに手を上げてしまったのだと思われますか？」

「妻に必要とされるために『イクメン』を演じていた以上、立派な父親であらねばならなかった。息子が自分の言うことを聞かない、なんていう事実は到底、受け入れられなかった、のだと思います。一度だけとはいえ、卑劣な行為に出た自分が今も許せません。妻にも息子にも詫びて、心から反省していることを何度も伝えましたが、それで許されることでもないですし……。今はただ、妻と息子と心から触れ合えるようになることを願うのみです」

久保さんは自らが犯した惨い出来事から逃げることなく、必死に向き合おうとしていた。

夫婦、家族の視点も必要

しばらくウイークリーマンションで過ごしていたところ、転勤となった。自宅を出てから半年ほど経つが、息子とは月に2、3回、電話で話す程度で、まだ会うことは妻が許してくれないという。ただ、妻とは定期的に東京で面会を重ねている。当初は離婚をにおわせていた妻も、久保さんが仕事や子育てで深い悩みを抱えていたことを包み隠さず明かしたことで、徐々に心を開き、互いに関係改善に向けて努力を続けている最中らしい。その過程で、夫婦の間に「気持ちのすれ違い」があったことも少しずつわかってきたという。

「気持ちのすれ違いとは、具体的にどういったことだったのでしょうか？」

「僕は妻の出世にプレッシャーを感じながら、彼女に必要とされ、喜んでもらいたいと『イクメン』を装うようになったのですが……妻のほうは逆に、僕が育児に躍起になって、その姿が不自然だったのが気がかりで不安だったようなんです。でも、彼女自身も課長に昇進して周囲の過剰な期待に強いストレスを感じて心に余裕がなく、本心を僕に伝えられなかったのだと……」

２０１７年、43歳になった久保さんは、東京本店で課長職に昇進していた。支店での働きぶりが評価され、同期には後れを取ったものの、念願のポストを手にしたのだ。前回２０１４年の取材から2、３か月後には息子とも会えるようになり、さらに数か月を経て月に１、2回、単身赴任先から自宅に戻って週末を家族と過ごす「同居」を再開。半年前に東京本店への転勤で戻ってきた時に一番喜んでくれたのが息子だったと、うれしそうに明かしてくれた。小学6年生になった息子は地域の体操クラブの活動に熱中していて、将来は体育の先生になりたいと話しているという。妻は課長職にも慣れ、順調に実績を積み重ねているようだ。

10年にわたる取材のなかで、彼の表情は最も穏やかで晴れやかに見えた。

改めて現在の家族関係について質問すると、こう話してくれた。

「ごく自然に妻とも、息子とも、仕事や趣味、スポーツなどいろんな話を互いにできるようになったのは、大きな前進だと思っています。実はみんなお笑いが好きだということを最近になって知って、ついこの間も、3人で劇場に漫才を見に行ったんですよ。あっ、はっ、はっ、はっ……。これからもまた何か問題が生じるかもしれませんが、夫婦、家族が力を合わせて乗り越えていければと思っています」

さらに、女性の積極登用を進めようという世の流れを、夫、父親としての立場からどう見ているのか。

「当の女性たちが仕事と家庭の両立という課題を抱えているのと同じように、彼女たちの家庭でのカウンターパートである男だって仕事はもちろん、夫として、父親としての悩みと日々、闘っている。女性の仕事での活躍を考える際、夫婦や家族という視点も必要なんじゃないかと思いますね」

4　キャリアを捨てた妻に負い目

過度なストレスで「うつ病」に

一方、仕事を頑張っていた妻が突然、退職したことに引け目を感じながら、自分が昇進できないことが妻の期待に沿えていないと思い込んで、絶望の淵に立ってしまった男性もいる。

製造業で技術職に就いている原康《はらやす》司《じ》さん（仮名）との出会いは2015年。当時の私の立場は、ジャーナリストとしてではなく、社会学研究者としてだった。彼はもとは、うつ病により休業する労働者の増加問題について、病そのものの拡大という医学的要因以外の社会的なダイナミクスの解明に取り組んだ、学術研究の調査協力者であった。

原さんはうつ病で約1か月間休職した経験があり、当初は当事者の一人として、質的調査法のひとつである半構造化インタビュー調査に協力してもらった。彼が経験してきた激変する職場環境や、育児休業から復帰後しばらくして仕事を辞めた妻への複雑な気持ちなど、5〜6時間にわたるインタビュー調査から明らかになった過度なストレスや悩みを受け止めていくうちに、ジャーナリスティックな視点からより掘り下げて心情や今後の動向を追いたいと思い立ち、彼からも同意を得たのだ。

当時、北関東の工場で品質管理部門の主任を務めていた37歳の原さんは、精神科クリニックを受診するきっかけとなった自覚症状と、症状が出始める直前の労働環境や生活状況などについて、こう説明した。

「景気は上向いているとはいっても個人消費はまだ冷え込んだままですし、企業側からしても潤っているのはほんの一部の経営陣だけで、私たち平社員の待遇は不況時とそれほど変わりません。その一方で長時間労働は依然として改善されなくて……。職場の現状に不満や苛《いら》立《だ》ちを感じながらも、我慢して働いているうちに、次第に心身に不調をきたすようになってしまったんです。なかなか寝つけなくて、やっと明け方に眠りについたかと思ったら、悪夢を見て飛び起きたりして……。もう出社したくなかった。つらい症状としばらく仕事を休みたい気持ちを先生（精神科医）に強く訴えて、うつ病の診断書をもらって会社を休職しました」

「悪夢を見て、とおっしゃいましたが、どんな夢だったか、覚えていますか？」

「もちろん、です。夢って普通、朝起きたら覚えていないことが多いですよね。記憶していても断片的だったりして。ところが、私の場合は、いつも同じ夢なんです。それは何かというと……リストラです。実際にリーマン・ショック時に会社の経営が悪化し、工場の期間工が大量に契約途中で解雇されて……。それに一時的ではありましたが、正社員まで関連の小さな会社に飛ばされたり、退職を迫って自主退職に追い込まれたり……。悲惨な状況を近くで見ていたので、理不尽にも辞めさせられた人たちが夢に出てきて、私の胸ぐらをつかんで罵声《ばせい》を浴びせるんです……かと思うと、今度は夢の中で私自身が部長に呼ばれて、小さな部屋に閉じ込められ、２、３人に取り囲まれて執拗《しつよう》に退職を勧められ……。うっ、はあー」

当初は穏やかに話していた原さんの表情が次第に険しくなり、いつしか目は充血していた。休業から職場に復帰して半年ほどが過ぎ、うつ病の症状はほとんど回復したという。再発予防のためにも、現在は月に２回、精神科クリニックに通ってカウンセリングを受けているが、抗うつ薬の処方はなくなり、精神安定剤と睡眠導入剤を必要な時だけ服用している程度だという。

仕事を超える悩みは「妻の辞職」

その後、原さんの気持ちを落ち着かせるため、少しの休憩を挟んで、企業内でのメンタルヘルス対策などについて話を聞いた。次はどこをどう発展させて質問を進めていけばよいか。

考えをめぐらせていた、その時、だった。彼が私の問いに答えるかたちではなく、初めて自分から話し始めた。

「実は……うつ病の症状が出始めるきっかけとなったストレスは、仕事のせい、だけではありません。仕事以外にも悩みの種はあった。いや、もしかしたら、そのほうが強かったかもしれないんです……」

「それはいったい何、なんでしょうか？　ぜひ、お話ししていただけませんでしょうか」

「ええ……それは、妻のこと、です」

原さんは意外にも冷静な表情で、淡々とこう説明した。

「実は……妻はもともとキャリア志向が強くて、総合職で専門商社に入社して、結婚、出産後も家庭と仕事を両立していきたいと言っていたんですが……今から1年半ほど前、長男を出産後の育休から職場復帰して数か月で急に会社を辞めてしまいました。子育てをしながら仕事を続けていくのは心身ともに大変そうなのは、確かでした。それを私自身は間近で見ていて、わかっていたんです。でも……私も残業や休日出勤はざらで疲れていましたし、保育園の送り迎えとかを手伝う余裕が全くありませんでした。ある日、帰宅したら、『今日、辞職願を出してきた』と妻から事後報告を受けました。そう決心するまでかなり悩んだと思うのですが、私には何の相談もなくて……」

「でも、奥さまが辞職された理由については、後から聞かれたのですよね？」

「ええ、まあ……。私が尋ねると、妻は子育てに専念したい、というようなことを強調していた、と思います。それから、このまま仕事を続けていたら、息子の面倒を十分に見ることができないし、成長に悪影響を与え兼ねない、というようなことも、言っていたかと。ただ……それが本心なのかどうか、いまだによくわからないんです。だって、育休から職場復帰するまでは、頑張って育児と仕事を両立してみせる、というのが口癖でしたし……。やっぱり、私が無理をしてでも、育児に協力するべきだったのかと悔やみましたが……。それに……うん、まあ……」

夫として、男として「情けない」

原さんの歯切れが悪い。仕事よりもストレスが強かったかもしれない、と自己分析した妻の辞職について、さらに深い心の痛みを抱えているように思えてならなかった。

「結婚や出産など重要なライフイベントによって、仕事への考え方が変わったという女性を何人も取材してきました。奥さまは、自分の意志に反して辞職を選択されたわけではないのではないでしょう（か）」

「いや、違います」私の語尾に被るような即答だった。と同時に、瞳がギラリと光り、これから明かすことが核心である、と訴えているようにも見えた。

「とてもつらい選択だったと思います。キャリアを捨てる代わりに、私に自分が叶えられなかった出世という夢を託したのです。今、世の中で『女性が輝く日本』だとかいわれて、ますます女性登用が積極的に進んでいきそうな時代に、自ら会社を辞めるということは、なおさら苦しくて悔しくて、しょうがなかったはずです。にもかかわらず、私は……出世どころか、職場で何の成果も挙げられないまま、挙句にはうつ病にまでなって、休業してしまう始末で……。本当に夫として、男として、情けない、です……」

原さんはそう、ありったけの力を振り絞って言い切ると、首を垂れ、片方の手の握りこぶしで数回、自身の額を叩いた。

働く女性を巡る動きが誤解を生む

この時点で、妻が会社を辞めた真意、原さんがいうように妻が仕事で自分が叶えられなかった夢を夫に託したのかどうか、などは定かではなかったが、彼にとってキャリア志向だった妻の突然の辞職は、それまですでに蓄積されていた仕事のストレスや苦悩に、さらなる追い打ちをかける出来事となったのは間違いなかった。

次に原さんへのインタビューが実現したのは、実は妻のお陰で、２０１７年のことだ。最初に話を聞いて以降、原さんは取材の申し込みを拒否し続け、いつしか音信不通になっていた。だが、彼の心情や夫婦の実相に迫り切れていないままで取材を終えることはどうしてもできなかった。そこで、彼から聞いていたおおまかな自宅の住所から番号案内で電話番号を調べ、連絡した。その時に電話口に出たのが、彼の妻だった。原さんは取材を受けていたことを妻には内緒にしていたはずで、彼には申し訳なかったが、取材内容は明かさず、経緯を簡潔に説明して連絡を取りたい旨を伝えると、妻は快く応じてくれた。

数日して原さんから電話で連絡が入り、その２週間後の週末、北関東の原さんの自宅を訪ねることになったのだ。

２年ぶりに再会した39歳の原さんは、以前よりも顔色が良く、少しふっくらしたように見えた。取材には、清楚で上品な佇《たたず》まいの妻も同席した。

「ご連絡いただいていたのに、お返事もせずにすみませんでした」と口火を切ったのは、原さんだった。そして、経緯をこう説明した。

「出世コースに乗っていたら、すでに東京や大阪など基幹の本支社に移って、課長に昇進しているのですが、まだ地方の工場の主任のままで……職場でのつらさや、妻が仕事を辞めたことへの負い目などが重なって、どうしたらよいのかわからない状態のまま時間が過ぎてしまっていました……。目の前の現実から逃げて、自分自身を見失っていたのかもしれません。そんな自分ではダメだと気づかせてくれたのが、この妻だったんです……」

原さんは隣に座る妻に優しい眼差しを送り、軽く頷くような仕草をして、発話を促した。するど、妻が一言ひと言紡《つむ》ぎ出すように語った。

「夫には仕事の愚痴を言って気を煩わせたくなかったので、伝えていなかったのですが……私が会社を辞めたのは、母親としての役割をちゃんと果たしたかったのと、女性社員への会社の姿勢に疑問を感じたからです。対外的な体面のために子育てをしながら働く女性の存在をアピールしなくてはと焦っている、実際には女性に能力を高める機会を与えず、人材活用もうまくできていない会社に嫌気が差したんです。家庭との両立が難しいから、ましてや夫が育児に協力してくれないから、ではありません。夫には仕事で能力を発揮して、できれば出世コースを歩んでほしいとは思っていましたが、私が実現できなかった夢を託したわけではない。出世が難しければしょうがないですし、夫がストレスを溜め込んで、現実から目を背《そむ》けているのがとても心配でした」

妻はそう言い終えると、温かく労わるような表情で夫をわずかの間、見つめた。

「奥田さん、つまり私たち夫婦は互いに誤解していた点があったようなんです。それもコミュニケーション不足――私が言いたいことを打ち明けていなかった部分が大きかったのですが――を大いに反省しています。少しずつ胸の奥にしまっていた思いを打ち明け合うことで、理解が深まり、とても温かい関係に戻ることができました」

働く女性を巡る社会や企業の動きは、心理面にどう影響していたのか。

「実に大きなプレッシャーでしたね。『女性が輝く日本』『女性活躍の推進』など、スローガンのような言葉を新聞、テレビの報道で見聞きしたり、会社や地域など様々な場面で人々が口にしたりするたびに、自分が育児に協力できなかったために、妻を辞職へと追い込んでしまったんじゃないのか、また、キャリアを捨てた妻にとって、出世もできない私は情けない夫に映っているに決まっているじゃないか――。社会から問い詰められ、責められているようで、苦しくて仕方なかった。それが誤解を生むきっかけになったように思いますね」

夫婦で力を合わせて壁を乗り越え、前向きに歩み始めた原さんの表情は、いつになく清々しかった。

5　プレッシャーを男女ともに乗り越える

男たちも悩ませる「女性活躍」

男たちにとっても、「女性活躍」の推進が社会や企業で叫ばれ、世のトレンドともなっていることが、職場や家庭においてストレスや悩みの要因となっているケースが少なくないことを取材を通して痛感した。女性登用を進めるにあたっては、当事者の女性たちだけを政策課題の対象として捉えるのではなく、職場や家庭で彼女たちと関わりの深い上司、同僚の男性や夫との相互作用、また夫婦や家族という関係性の視点、枠組みからも、今一度考えていく必要がある。

長年、男性が取り仕切ってきた日本の企業社会において、女性を指導的地位に積極的に登用しようという動きに対し、当事者である女性が、社内で参考とすべきロールモデルの不在や自らの経験・能力不足、男性並みの長時間の働き方に不安を抱くのと同じように、女性を管理職へと押し上げる推進役の任務を課せられた男性上司たちも、戸惑い、思い悩んでいる。彼ら自身も、管理職候補の女性の部下を育成した経験が乏しく、彼女たちの能力を伸ばしながら適正に実績を評価し、有効活用していくことに慣れていないケースが少なくないのだ。管理職候補の女性を選び、近未来への期待を口にするところまではできても、今現在、本人たちが抱えている不安を軽減し、前向きにポスト就任を受け入れようというモチベーション、意欲を醸成していくだけの説得力に欠けるケースが多いのが実情なのではないだろうか。

本章の事例で紹介した今井さんも、遠藤さんも、昇進を拒む女性部下に対して、会社が与えたチャンスを無駄にするという行為自体をどうにも理解できず、管理職就任を望まない女性社員の複雑な事情や心境までを探り、解決策を見出して事態を好転させようという意識には欠けていたように思う。また、子育て中の女性への両立支援という配慮と同時に、責任の重い立場への積極登用を進めるという社の方針に矛盾を感じつつも、逆らえない男性幹部社員たちの深い葛藤も見受けられた。そうして、候補の女性部下が管理職への昇進を断るという、彼らにとって由々《ゆゆ》しき事態は、推進役としての任務の未達成で人事評価を下げ兼ねない、自身のキャリアにとって危険因子ともなっているのである。

管理職ポストを目指して女性社員と闘う男性にとっても、「女性活躍」の潮流は、出世競争において女性を優遇する一方で、男性を不利な立場に陥れるものとして否定的に捉えてしまい、自ら隘路《あいろ》にはまり込むケースも少なくない。景気が回復したとはいえ、人件費を積極的に拡大することには様子見をしている経営者がまだ多く、不況時からの管理職削減の動きから一転してポストが増えるとは考えにくい。そんな状況下で長時間労働にも耐え、成果を上げるために必死に働いて昇進を狙ってきた男たちにとって、思いがけない女性優遇が自身の昇進可能性を排除し兼ねない「逆差別」と映ってしまうのは、無理ないのかもしれない。

それでも男性管理職が成否のカギを握る

企業は幹部を含めた男性社員向けに、研修などの機会を通して、女性管理職のロールモデルやリーダーとしての能力を磨く職務経験の乏しさ、育児中の労働の量と質の低下など、女性社員が管理職を目指すうえで障壁となる要素について、より理解を深めさせるなど対策を講じることが重要だ。そして、女性登用を進めているために、男性が不利な立場に追い込まれたり、不公平感を抱いたりすることのないよう、制度面も含めた職場環境を改善する必要があるだろう。

とはいえ、女性の管理職が少ない現状では、企業内で「女性活躍」の実質的な推進役を任されているのは、大半が男性の管理職である。彼らがどのように女性部下を育成し、彼女たちが自ら進んで管理職を志す動機づけを与えていくかは、成否を分ける重要なカギともなっ

図表４　管理職になろうと思った理由

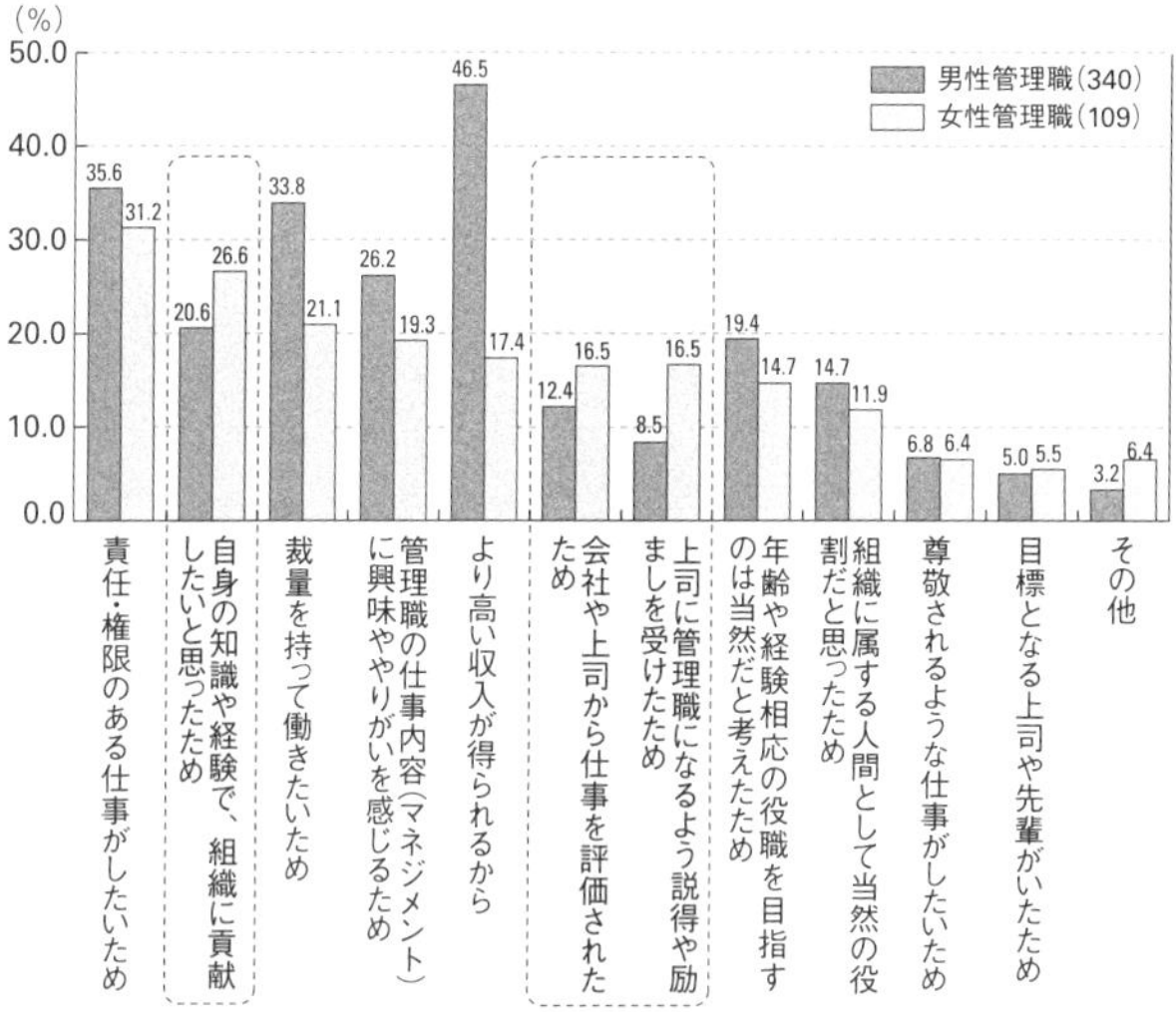

出所：三菱UFJリサーチ＆コンサルティング「女性管理職の育成・登用に関する調査」（2015）より

ている。三菱ＵＦＪリサーチ＆コンサルティングが２０１５年に公表した「女性管理職の育成・登用に関する調査」（正社員の男女３０００人対象）によると、管理職に就いている男女に「管理職になろうと思った理由」（複数回答）を尋ね、男女で比較したところ、男性が「より高い収入が得られるから」（46・5％）が断トツで多かったのに対し、女性は「自身の知識や経験で、組織に貢献したいと思ったため」（26・6％）のほか、「会社や上司から仕事を評価されたため」（16・5％）、「上司に管理職になるよう説得や励ましを受けたため」（16・5％）が男性よりも有意に多い回答だった（図表4）。女性は男性に比べ、報酬よりも、上司からの評価や励ましといった働きかけによって管理職を目指す意欲が高まる傾向があることがわかった。

己の面子《メンツ》を脅かされる男たち

職場でも家庭でも、「女性活躍」の推進が精神的圧力となって苦悩する男たちの多くが、伝統的な「男らしさ」の規範意識に囚《とら》われていた。

オーストラリア出身の社会学者で男性学・男性性研究の権威、R・W・コンネルは1995年に出版した著書“Masculinities”で、社会で主流とされている男らしさを「覇権的男性性」、これに対して非主流を「従属的男性性」とする概念を構築した。

これを日本の職場や家庭での男性のあり方にあてはめると、覇権的男性性の保持者は、「出世競争の勝者」「妻子に敬われる家庭の支柱」「冷静沈着で弱音を吐《は》かない」といった伝統的な「男らしさ」の規範の具現者であり、従属的男性性の保持者はそれらを具現したいと願いながらもできない男性、ということになる。私は取材、研究活動を通して、この規範から逸脱し、他者や社会から〝落伍者〟としての烙印を押された男たちが、現代の日本社会では「多数派」になっていると考えている。

そこに、「女性活躍」という世の趨勢が追い打ちをかけ、男性間のみならず、職場の女性、さらには妻との対立構造を生み出し、自らが劣勢に立たされるという事態をも招くことになった。こうしている今も、男たちは至るところで、女性を巡る世間の動きに己の面子を脅かされ、苦痛を増大させているのだ。

まず男性自身が、旧態依然とした「男らしさ」の呪縛の鎖を断ち切るよう、努めるべきであることはいうまでもない。ただ、職場や家庭における男女、夫婦間の誤解を解消し、衝突を避けるためには、女性側からも男性の心理動向について認識を深める必要がある。改めて、「女性活躍」の推進を契機とした社会からのプレッシャーや負のラベリング（レッテル貼り）は、男女共通の問題だ。ともに乗り換えていくためには、互いの歩み寄りと理解が欠かせないのである。

第5章　真に女性が輝く社会とは

1　女の人生は一様ではない

一枚岩ではない女性たち

現在、国主導で進められている「女性活躍」の推進は、長らく男性が企業などで優位に立ってきた日本において画期的な政策であるにもかかわらず、残念ながら、現時点では女性間の格差を拡大し、様々な生き方を選択した女性たち自身に大きな精神的プレッシャーとしてのしかかっているようである。これは決して一部の特殊な事例ではなく、多数の女性たちへの継続的なインタビュー取材から明らかになった事実なのだ。

男女共同参画社会の実現や、労働力人口の減少による人手不足を食い止め、経済発展へとつなげるため、女性活躍推進法の正式名称にもある「女性の職業生活における活躍」が進められ、それを望む女性たちが仕事で能力を発揮する機会が増えることは、非常に望ましいことである。問題なのは、そもそも一枚岩ではない女性たちをひと括りにして、管理職登用が最も重要で、真っ先に取り組むべき施策であるかのように、企業など現場レベルが捉えてしまった点にあるのではないだろうか。

背景には、「女性活躍」のあり方がメディア報道などを介して広く社会に浸透していく過程で、ミスリードされていった面も否めない。女性活躍推進法で従業員301人以上の企業などに義務づけられた行動計画の項目には、女性の採用比率や勤続年数などもあるが、世の中で注目を集めて同法の代名詞ともなっているのは、女性の管理職を数値目標を設けて増やすという点である。その結果、管理職昇進を望まない正社員女性をはじめ、非正規労働者や専業主婦など多種多様な道を歩んでいる女性たちに、たったひとつの生き方の規範を押しつけることになってしまった。

また、長時間労働など過酷な労働環境や、少子・高齢化、人口減といった深刻な社会状況を踏まえ、「女性活躍」に先行して進められてきた、ワーク・ライフ・バランス（仕事と生活の調和）の推進、仕事と家庭の両立支援と相まって、「産み育てる」ことと「働く」こと、さらに働き方のなかでも管理職に就いて「活躍する」ことの三重の役割を課すことになり、なおいっそう女性たちを追い詰める結果となっているのである。

自分で選んだ道ゆえの悩み

女性たちが自身のライフスタイルに思い描く目標や理想は、決して一様ではない。例えば、正社員の場合は、家庭を持っていようがいまいが、指導的な地位についてより能力を発揮したい、すなわち女性活躍推進法との関連でいうと「活躍したい」というものもあれば、学卒後から一定期間勤めた後、結婚・出産後は家庭に入って家事・育児に専念したい、言い換えれば、職業生活では「活躍したくない」というものもある。さらに、子育てとの両立で頑張り過ぎない〝そこそこの働き方〟を志向し、妥協ではなく、前向きな選択として、昇進とは縁遠いキャリアコース〝マミートラック〟に乗るという働き方もある。

一方で、働く女性の6割近く（55・5％）を占める非正規雇用で、自身が1人で家計を担っている未婚やシングルマザーなどの場合は状況が大きく異なる。正社員と比べた待遇の悪さに加え、経済的に頼れる配偶者がいない分、貧困につながり兼ねない深刻な状況にあるからだ。だが、経済的に厳しくても、様々な試行錯誤の後、仕事にやりがいを見つけたり、時間的な余裕や責任というプレッシャーからの解放などポジティブな感覚を覚えたりしている女性も少なくないのである。

そうして、管理職昇進を拒み、敢えて〝マミートラック〟に乗った女性も、また非正規雇用での低待遇に不満や不安を抱えながら、人の役に立つ仕事に働く意義を見出している女性も、取材した一人ひとりがジレンマや深い葛藤を抱えた末に、最終的には自分の意志で今の生き方を選んでいた。ただ、働き方をはじめ、結婚するかどうか、出産するかどうか、も含めた自らの生き方に幾つもの選択肢があるがゆえに、さらにその選択の決定を多くの場合、自分自身で下しているだけに、異なる道を歩んでいる他の女性たちと比較してしまい、隘路に陥るケースが往々にしてあることも確かなのだ。

2　男女の「差異」を受け入れる

ウルストンクラフトのジレンマ

女性と仕事について歴史的に概観すると、１９８６年の男女雇用機会均等法の施行を契機に、働く場面における男女の機会均等、「平等」は法制度上では一気に加速した。しかしながら、内実はというと、男性が特権を有してきた企業社会において、子育てや介護など家庭でケア提供の役割を担う比重が高く、長時間労働など男性と同様の働き方をするのが困難な女性は、責任が重く、質の高い職務から外され、男性よりも低い評価を受けてきたといわざるを得ない。つまり、歪《ゆが》んだ「平等」のなかで、女性たちは常につらい立場に追いやられてきたのである。

男性優位という現実的な「差異」がある社会において、女性が「平等」を目標として突き進む際に直面するジレンマは、「ウルストンクラフトのジレンマ」と呼ばれる。フェミニズムの古典的名著『女性の権利の擁護』（１７９２年）を著した英国の社会思想家、作家のメアリ・ウルストンクラフトが論じた概念だ。

すなわち、女性を男性と全く同じ存在と認めてしまうと、女性が家庭など私的な領域において、家事や育児、介護などケア役割を担っているという、男性との「差異」をないがしろにして、表面的な「平等」を求めることになる。そうしてこの結果、女性は私的な領域での負担が影響し、職場など公的な領域で低評価を受けることになってしまう。一方、ケア役割や母性など私的な領域での女性の特殊性を男性との「差異」として捉えると、公的な領域において、男女を「平等」に扱うことはできないことになってしまう――というジレンマを指す。ウルストンクラフトが2世紀もの前に提起した問題点が、まさに今も根強く、女性たちを苦しめているというわけなのである。

女性が仕事と家庭を両立させ、職場において男性との真に対等な関係の構築を目指すには、まず前提条件として、このような「平等」と「差異」のジレンマを、女性たちはもとより、男性や社会が目を閉ざさずにしっかりと受け止めなければならない。この土台づくりの段階で停滞し、当事者と他者、企業など組織、社会全体の意識改革もなされぬまま、諸施策が先行しているように思えてならない。

男がケア役割を担うことへのためらい

それなら、男性が私的領域において家事や育児など、現状では女性が大半を担っているケア役割を分担すれば、女性が直面する「平等」と「差異」のジレンマは解消され、女性の物理的、心理的な負担も軽減されるのだろうか。事はそう単純ではない。

例えば、わが子の子育てに積極的に関わりたいと考える男性は、確かに増えている。内閣府の２０１４年「女性の活躍推進に関する世論調査」によると、男性が家事・育児を行うことについて、男性の回答は「男性も家事・育児を行うことは当然である」が58・０％と次点を大きく突き放して最多で、「男性は、家事・育児を行うべきではない」はわずか３・０％に過ぎなかった（複数回答可）。

一方で、総務省の２０１６年「社会生活基本調査」では、夫婦と6歳未満の子どものみの世帯で、父親が育児に費やす１日あたりの平均時間は49分と、10年前（２００６年）の調査に比べ16分長くなったものの、母親の３時間45分（２００６年比36分増）との間にはいまだ大きな隔たりがある。また、男性の育児休業取得率は３・16％（厚生労働省の２０１６年度「雇用均等基本調査」）で、２０２０年度までに13・０％に引き上げるとする政府目標にはほど遠く、依然として低水準にとどまっている。

つまり、長時間労働など厳しい職場環境から、育児に関わりたいと願いながらも、実現できない男性は多い。実際に存在するのはごく少数であるにもかかわらず、子育てにいそしんで、楽しむ男性を称する「イクメン」がメディアなどで紹介されて脚光を浴びれば浴びるほど、精神的苦痛を増幅させる男性は少なくないのだ。

ただ、最も重要なのは、仮に育児に十分に関われる環境に置かれたとしても、男たちの大半が本音の部分では、職務の遂行に支障が出兼ねないケア役割の分担には二の足を踏むということである。なぜなら、第4章でも紹介したように、男性の多くはいまだ、職場のパワーゲームに勝利して組織や社会から評価され、妻子をしっかりと養っていかなければならない、といった伝統的な「男らしさ」の規範意識に囚われているからだ。

かたや、女性側も、出世競争に悪影響を及ぼす可能性のあるケア役割を夫に協力してもらうのには、ためらいがある。出産前に働いていた女性のうち約半数（46・9％）が第1子出産後に辞職しているが、その辞職理由は、勤務する会社の両立支援策が整っていないことや、保育所に入所できない、といった環境的な要因だけではない。女性が自分が子育てを担わなければならないという役割意識を強く感じ、自らの意志で辞職を選択しているケースも少なくないのである。出産後も就業を継続、またはいったん退職後に再就職している女性も含め、育児負担は自身が引き受けるから、「夫には育児よりも仕事で頑張り、出世してほしい」と願う妻は意外に多いということを、長年の取材を通して実感してきた。

このような女性の意識は、国の調査からもある程度、推測することが可能だ。内閣府の「男女共同参画社会に関する世論調査」では、「夫は外で働き、妻は家庭を守るべき」という考え方について、２０１２年の調査で男女合わせて「賛成」（51・６％）が、15年ぶりに「反対」（45・１％）を上回ったが、女性だけに絞ると、「賛成」（48・４％）と「反対」（48・８％）が拮抗《きつこう》し、「賛成」は前回２００９年の調査（37・３％）より約11ポイントも上昇した。だが、女性活躍推進法が施行されてから数か月後に実施された２０１６年の調査では、男女合わせて「賛成」（40・６％）、「反対」（54・３％）で、女性は「賛成」（37・０％）、「反対」（58・５％）となり、２００９年の調査とほぼ同じ数値に戻った。

結局、２０１２年のこの世論調査から浮かび上がった女性の家庭志向の高まりは――一部には、２０１１年に発生した東日本大震災の影響で、家族の絆や伝統的な男女のあり方が再評価されたためという見方もあったが――一時的な現象として片づけられてしまった。いずれにせよ、女性の仕事での活躍が叫ばれる現代社会にあって、「妻は家庭を守るべき」という考え方に、いまだ４割近くの女性が「賛成」と答えていること自体が注目に値するのではないだろうか。

だからといって、女性１人に子育てなどが集中するのを放置してはならない。女性のケア役割の負担を少しでも軽減し、仕事と両立しやすい環境を整備するためには、夫のケア役割の協力に期待するよりも、企業などが両立支援策を拡充するとともに、保育の受け皿を増やすなど社会政策により力を注ぐほうが効果的であるといえるだろう。

「女の敵は女」

女性たちが抱える「平等」と「差異」のジレンマの解消をより困難にしているのが、女性同士の対立構造である。

職場での女性の対立構造についてわかりやすく単純化して示すために、まず働く女性のタイプを２つに大別する。男性と「同じ」働き方を志向し、私的領域をある程度犠牲にすることも辞さず、女性の特性を度外視する女性と、男性との「違い」を受け入れたうえで、職場で低評価に甘んじようとも私的領域を重視して就業継続を図る女性――である。拮抗は、異なるタイプ間で起こる場合が多いが、同じタイプ同士の場合もある。さらに対立する女性たちの関係性をみると、職場での立場が同じまたは近いライバル関係か、上司・部下、先輩・

後輩など上下関係に分かれる。

女性同士の対立構造、二分化が女性全体をまとまりにくくし、その結果、男性優位の企業社会に太刀打ちできず、女性を不利な立場に追い込んでいるともいえるのだ。皮肉なのは、男性並みに働く女性も、女性の特性を生かして男社会を生き延びる女性も、男性からの評価を得るための闘いになってしまっているという点である。

社会学者の上野千鶴子《うえのちづこ》は著書『女ぎらい――ニッポンのミソジニー』で、男性中心社会において、女性がミソジニー（女性や女らしさに対する嫌悪や蔑視《べっし》）を自己嫌悪として経験しないで済む方法として、「自分を女の『例外』として扱い、自分以外の女を『他者化』することで、ミソジニーを転嫁すること」と述べている。そして、そのための2つの戦略として、「特権的なエリート女、男から『名誉男性』として扱われる『できる女』」と「女というカテゴリーからドロップアウトすることで女としての値踏みから逃れる『ブス』」を挙げ、それぞれ「成り上がり」と「成り下がり」の戦略とも言い換えている。

女性学、ジェンダー研究の権威である上野の独特のユーモアも交えた主張であり、一部好ましからざる表現も敢えてそのまま引用した。この2つ目の「女としての値踏みから逃れる」戦略については、正直、疑問も残る。なぜなら、自身を「女というカテゴリー」から脱落させずとも、逆に「女らしさ」を受け入れ、存分に表現することでそのメリットを享受し、自己嫌悪を経験しないで済んだ女性を取材を通して数多く見てきたからだ。背景には、かつてとは異なり、「女らしい」女性が損をすることなく、生き延びることが可能になったという企業文化の変容がある。

１つ目の男性から「名誉男性」として扱われる「できる女」になるという戦略は、非常に説得力がある。つまり、男性との「違い」をないがしろにする女性たちは、積極的に「女らしさ」を捨て去ることが、男性優位社会を生き抜く術になっていると考えられるからである。このような上野のいう「できる女」が、自身が葬ってきた「女らしさ」を誇示したり、家庭でのケア役割を優先したりする女性を嫌うのは自明の事実である。働き方や生き方に対する考え方も多様なだけに、女性同士の対立は複雑で根深いといえる。

3　内発的動機づけを味方に

「やりがい」という呪縛

働き方や職場での身の処し方に対する考え方は異なっても、働く女性たちの多くに共通している点がある。仕事に「やりがい」を求める傾向が男性よりも強いということだ。それはなぜか。働く女性それぞれの労働への思いには温度差があり、答えはひとつではない。ただ、少なくとも生き方の選択肢が多様なだけに、自分で就業を選んだからには、給与など待遇以外の可視化できない貴重な何か、つまり、働く価値や達成感を重視したいと考える女性は多いといえる。

しかし、仕事にやりがいを抱くということは就業意欲を高める一方で、過重労働や安い賃金など低待遇に目をつぶってしまう危険因子にもなり得る。また、やりがいを見出せないことが働くモチベーションを低下させ、ひいては仕事から逃避する自分なりの〃正当な〃理由になってしまうことさえある。すなわち、やりがいがを求め過ぎるあまり、それが呪縛となっているケースもあるのだ。

やりがいを重視すること自体が問題なのではない。労働のリスクを疑いもしなかったり、「自己実現」につなげようと躍起になった末にオーバーヒートして疲弊《ひへい》したりすることが問題なのだ。

人間発達のモデル、モチベーションの概念である「フロー理論」を提唱したことで知られる米国の心理学者、ミハイ・チクセントミハイは、賃金や地位、権力など外的な要因による「外発的動機づけ」と、やりがいや意欲など自身の内部から湧き起こる「内発的動機づけ」を比較検討し、内発的に動機づけられた労働は「自己目的化」される傾向にあると指摘した。外発的に動機づけられた労働が、報酬獲得など目的を達成するための手段であるのに対し、内発的に動機づけられた労働は、何らかの目的のための手段となるわけではなく、活動そのものが目的となるという。チクセントミハイ自身は、内発的に動機づけられた労働が、リスクに無防備で視野が狭くなり、活動に入れ込み過ぎてしまうことなどの短所を踏まえたうえで、エネルギーを集中して一点に注ぐことが可能で、大きな成果を残すことができるという長所のほうを強調している。

内発的動機づけを生かす職場へ

10年ほど前から、労働とやりがいの関係性についての言説が少しずつ広がり始めた。その多くが働き過ぎの誘発や、やりがい不要論などネガティブに捉えたものである。

社会学者の阿部真大《あべまさひろ》は、「やりたいこと」を仕事にし、それに没入していくことを、「自己実現系ワーカホリック」と呼び、そこから起きる働き過ぎの危険性に警鐘を鳴らした。阿部はバイク便ライダーの若者たちに対して行った、参与観察という質的調査をもとに考察し、趣味を持ち込んだ好きな仕事で自己実現を目指すという自由闊達《かったつ》な働き方であるがゆえに、働き過ぎが生じてしまう面があるという。

さらに、社会学者の本田由紀《ほんだゆき》は、阿部のいう「自己実現系ワーカホリック」には、自己実現的な働き過ぎをつくり出すことによって利益を得るという、雇用する側の巧妙な「やりがいの搾取《さくしゅ》」があると指摘する。また、自己実現を構成する主な要素として、阿部が示した「好きなこと」、つまり趣味性のほかに、ゲーム性（うまくやれば収入が上がるという、裁量性や自立性が高いように見せかけた「ゲーム」に没入していく）、奉仕性（顧客に対する最大限の奉仕という気高い動機）、サークル性・カルト性（仕事の意義についてテンションの高い意味づけがなされ、高揚した雰囲気のなかで仕事にのめり込んでいく）――があると分析している。

また、人事・組織コンサルタントの相原孝夫《あいはらたかお》は、企業などに雇用されて働く組織労働には全体感や裁量性の欠如など、内発的動機づけを奪う要素が多く含まれており、「やりたくてやる」「自己実現を図る」労働は現実的ではないと指摘する。このうえで、仕事で多くの実績を上げている労働者は、やりがいや達成感、喜びといった内発的要因に動機づけられ、働くモチベーションが高い人材ではなく、モチベーションを問題視しない「習慣化」「ルーティン化」した働き方をしていると主張している。

確かに、仕事へのやりがいや高いモチベーションが、働き過ぎやバーンアウト（日々精力的に活動してきた人が急に無気力になる現象＝燃え尽き症候群）につながり兼ねないという負の側面も見逃せない。しかしながら、性別を問わず、一定のやりがいは労働において不可欠であることを、これまで数多の働く男女を取材して痛感してきた。待遇などに不満や不安を抱えている人々が少なくないなか、労働に内発的動機づけを重視する傾向はますます強まっているのではないか。

組織労働では、やりがいやモチベーションよりも習慣化が重要であるという主張も、完全には否定できない。なぜなら、長年の男性優位の企業社会において、組織のパワーバランスを図りながら、様々な部署の従業員たちを効率的に動かしていくためには、個々の達成感や意欲などは度外視されてきた面があるからだ。それならなおさら、内発的動機づけを重視する傾向の強い女性の積極登用などの機運が高まっている今こそ、やりがいやモチベーションを重視する労働環境づくりへと、雇用する側が発展的発想で変えていくべきであろう。それがひいては、生産性の向上にもつながるのである。

自分のものさしで概念の再構築

女性たちの心を縛りつけているようにも見えるやりがいだが、そもそもやりがいとは何なのか。ある物事を行うにあたって自身が抱く価値や心の張り合いなど、心理的、内面的な意味合いが強いだけに、何にやりがいを感じるかは人それぞれであり、多様性と複雑性を含有している。

「女性活躍」の推進が叫ばれる現在、女性のやりがいというと、仕事に抱く気持ちとしての文脈で使われるケースが多いが、何も就業という公的領域だけに限ったことではない。家庭という私的領域において家事や子育て、さらには年齢を重ねて親や配偶者の介護を担うことに価値を見出す女性は少なくない。

第3章で紹介した専業主婦の女性たちは、その動機や経緯は異なっていても、いずれも妻として、母親としての生き方にやりがいや意義を感じ、自己のアイデンティティーの拠《よ》り所として家庭を選んで懸命に己《おの》が道を突き進んできた。ただ、承認欲求が強く、あまりにも高い理想を追い求め過ぎたために、現実とのギャップに耐え切れず、わが子や夫との関係において深刻な問題を抱え込んでしまう。そうして、彼女たちの苦しみに拍車をかけたのが、昨今の「女性は結婚、出産しても、仕事で活躍するのが当たり前」といった社会の潮流だった。それが精神的なプレッシャーとなり、アイデンティティーを喪失したり、自己否定感を抱いたりして、苦境に陥る女性は想像した以上に多かった。

　働く女性に絞ると、仕事で実績を上げ、高い人事評価を得ることにやりがいを感じる者もいれば、社内での評価とは別の次元で、例えば顧客に喜んでもらい、人や社会の役に立っていると実感できる職務内容に達成感を抱く者もいる。やりがいの捉え方や価値観は、人の数だけあるといっても過言ではないだろう。

　育児休業から職場復帰し、仕事と子育てを両立するなかで、管理職登用のチャンスを自ら捨てて出世コースから外れ、〝マミートラック〟に乗る女性たちが増えていることについては、第1章でも述べたが、彼女たちを仕事のやりがいを奪われたから〝マミートラック〟に乗ったと杓子定規《しゃくしじょうぎ》に結論づけてしまうのは大きな見当違いだ。彼女たちはラインから外れはしても、育児と両立していくうえで無理のない〝そこそこの働き方〟を現に実践できていることにやりがいを抱き、自らの意志で〝マミートラック〟に乗っていた。家庭生活で自身が果たす役割についても、価値を感じていることはいうまでもない。

また、独身であっても、男性優位の企業風土において男たちが築き上げてきた独特の〝ルール〟に馴染めず、敢えて管理職昇進を拒否し、「自分らしく」働く道を選ぶ女性もいる。

要は、やりがいの捉え方や価値観は千差万別であることを認識したうえで、社会が一方的に押しつける規範に惑わされることなく、また他者と比較することもなく、自分のものさしでやりがいを見出すこと、すなわちやりがいの概念を再構築することが重要なのである。職業生活でも、家庭生活でも、活動自体が目的となってしまう「自己目的化」に走るのを避け、何のためにその役割を果たすのか、という目的を客観視して活動の外に求めることによって、過度なやりがい重視から生じ兼ねないリスクを回避することが可能だ。内発的動機づけを前向きに捉え、味方につけるのである。

ライフイベントで変わる仕事の価値観

女性の労働を考えていくうえで複雑なのは、生き方の選択肢がいくつもあり、仕事と家庭との両立という困難に直面するケースが多いだけでなく、もとは就業の継続、さらには指導的地位に就くことを希望していても、結婚、出産・育児、介護といったライフイベントを契機に、働き方や仕事自体に対する意識、価値観が大きく変わる場合が少なくないということだ。そうした状況を「女の人生は計画そのものが立てられない」と表現した女性もいた。

結婚や出産を機に長時間労働など男性並みの働き方を顧《かえり》みて、管理職を目指すキャリアコースとは別の道を進むことで、楽に仕事や家庭での役割と向き合えるようになった女性をはじめ、晩婚によって仕事観が変わり、退職した女性や、心身ともに疲弊したり、働く意味を見つけられなかったりして、結婚・出産をきっかけに仕事を辞めるケースもある。彼女たちの選択は決して、他者や企業など組織、社会から批判を受けるものであってはならない。

つまるところ、ライフイベントによって就業を継続するかどうか、あるいは働き方を変えるかどうかなどは、女性たち本人にとっても、その時点になってみないとわからない予測不能な部分でもあるのだ。このように、女性たちの多くが人生の節目節目において仕事への意識の変化や心理的な葛藤、ジレンマを抱えるケースが多いことも踏まえたうえで、「女性活躍」のあり方を今一度、再考する必要がある。

4　多様な働き方と質の向上

「限定正社員」という柔軟な働き方

働く女性が、既婚か独身か、また子どもの有無などにかかわらず、心身ともに疲れ果てることなく生き生きと仕事も私生活も送っていくためには、旧来にはない新たな働き方が不可欠だ。すなわち、男女の「平等」と「差異」のジレンマを女性たちと、男性、社会がともに乗り越えていくには、「平等」を貴い目標として掲げつつも、その実現の前に、多くの人が気づいていながら声に出しては言いづらい、「差異」の存在を共通認識として捉え直したうえで、しかるべき対策を講じていくべきではないかと思うのである。

そのために必要なのが、従来の男性型の長時間労働などによる〝無制限な〟働き方とは異なる、女性が就業しやすい働き方、雇用形態だ。女性が私的領域でケア役割を担う比重が高いという特性、つまり男性との「差異」を考慮した柔軟な働き方である。

具体的には、まず一定の地域内での配属や異動など勤務地や職務内容、勤務時間を限定した正社員の雇用形態である「限定正社員」制度の積極的な導入・運用である。これは、正社員の働き方の多様化を図るとともに、非正規労働者の処遇改善、正社員への転換策としても有効だ。

すでに一部の企業では限定正社員の制度が導入されており、労働者にとっては正社員と比べると給与水準は低くなるものの、非正規よりも安定した雇用で、正社員と同程度の福利厚生が受けられるうえに、多様な働き方ができるというメリットがある。企業側にとっても一定のスキルが蓄積された人材を安定的に正社員よりは抑えた賃金で確保でき、定着率の向上も見込める。一方で、無期雇用であるため、有期契約のように契約満了による雇い止めができないことや、職務の評価方法も含めた雇用管理の煩雑さ、正社員との待遇面でのバランスを図る難しさなどから、限定正社員の導入をためらう企業も少なくないのが現状だ。

さらに限定正社員制度の導入に否定的な見方としては、正社員に比べて解雇されやすい、というもの。例えば、勤務地を限定して働いていた事業所や工場が閉鎖された場合などである。確かに、企業にとって正社員に比べて整理解雇の適用度が高まる面は否めないが、労働契約法に定められた整理解雇の４要件（人員整理の必要性、解雇を回避する努力義務の履行、対象者の人選の合理性、手続きの妥当性）を欠いた場合は解雇が認められないのは、限定正社員も同様だ。ただ、労使間で限定正社員の解雇に関するルール――例えば勤務地限定正社

図表5　非正社員から勤務地限定の正社員に登用される仕組みの有無

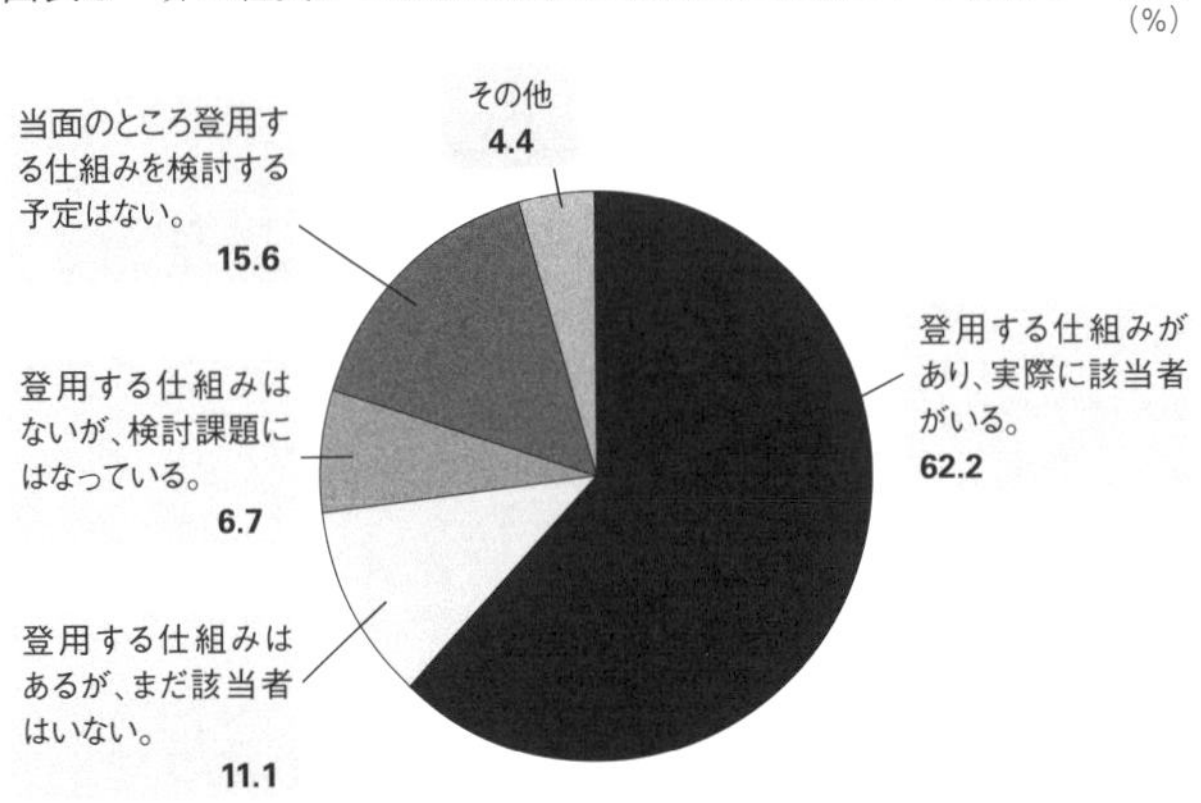

出所：日本生産性本部「第15回　日本的雇用・人事の変容に関する調査」(2016) より

員が勤める事業所や工場を業務縮小により閉鎖する際、まず企業側が異動・転勤を提案するなどの解雇回避努力を行うが、それを本人が受け入れない場合は解雇する、など――に合意しておく必要がある。つまり、労使合意に基づく厳密なルールが決められていれば、解雇されやすいという懸念は払しょくできるだろう。

子育てや親の介護を担っている女性にとっては、働きやすさという点で正社員との賃金格差などを補うメリットが見込まれる。出産を契機とした退職や、特に女性に多い介護離職に歯止めがかからないという紛れもない実態、ライフイベントに応じて仕事への意識や価値観が変化しやすいという女性の心理面の

図表６　勤務地限定制度の利点

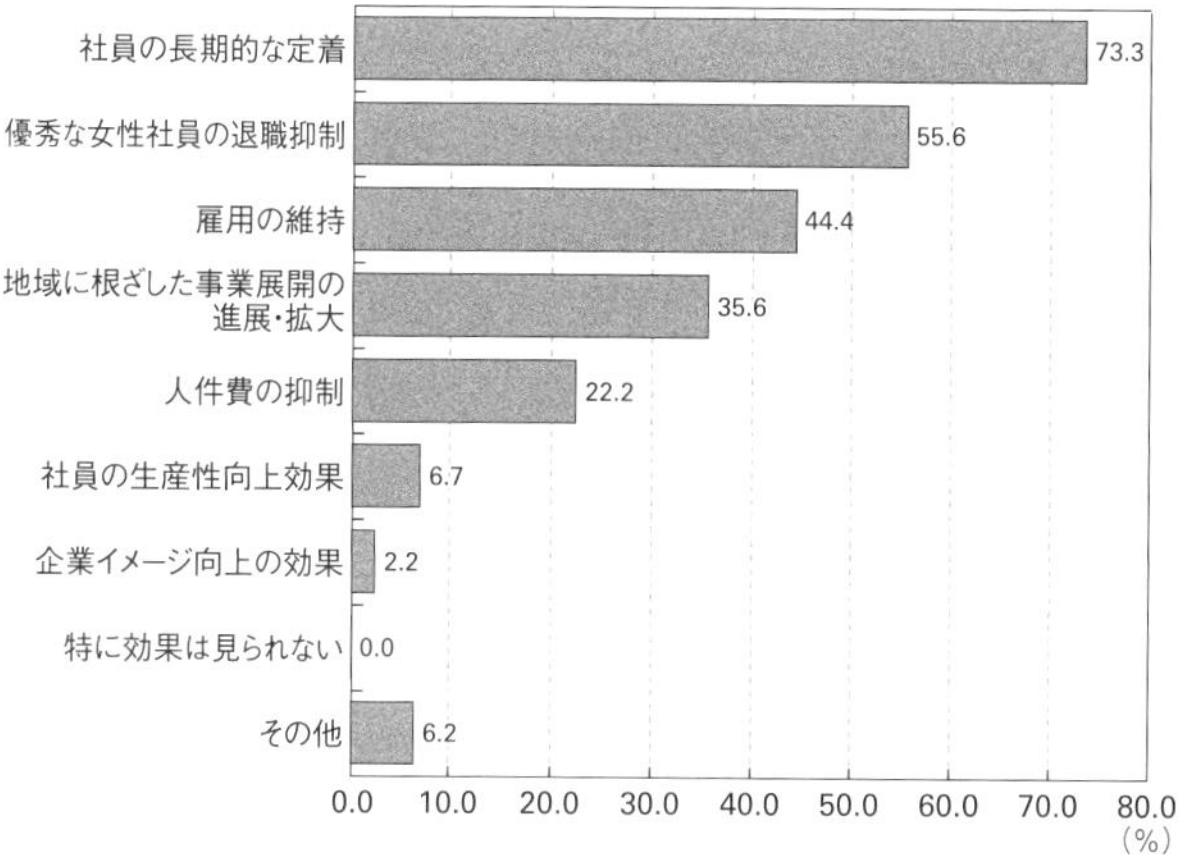

出所：日本生産性本部「第15回　日本的雇用・人事の変容に関する調査」(2016) より

双方を鑑《かんが》みると、限定正社員のような柔軟な働き方を進めていくことは非常に重要である。また、非正規労働者から限定正社員に登用される仕組みも少しずつではあるが広がっており、働く女性の過半数を占める非正規の処遇を改善し、正社員へと引き上げていくためにも非常に有効な雇用形態といえる。

日本生産性本部が２０１６年10月に公表した「第15回　日本的雇用・人事の変容に関する調査」（上場企業１３３社が回答）では、勤務地限定正社員の制度の導入率は30・１％だった。この制度を導入している企業の62・２％が「非正社員から勤務地限定の正社員に登用する仕組みがあり、実際に該当者がいる」と回答した（図表5）。また、勤務地限定正社員の利点としては（3つまで選択）、「社員の長期的な定着」（73・3%）と「優秀な女性社員の退職抑制」（55・6%）が上位を占めた（図表6）。

「限定正社員」という柔軟な働き方が浸透することにより、女性たちは就業の継続だけでなく、働くモチベーションを維持、向上させて、仕事に前向きに取り組める可能性が高まる。働きやすさが、働きがいにもつながるというわけだ。企業側としても、有能な人材を手放すことなく有効活用することで、組織が活性化し、業績にも好影響を与えるのではないか。

テレワークの可能性

このほか、柔軟な働き方として注目されるのが、テレワークだ。テレワークとは、情報通信技術（ITC）を活用した場所や時間にとらわれない勤務形態で、雇用される者が行うものとしては、自宅を就業場所とする「在宅勤務」、施設に依存せずにいつでも、どこでも仕事が可能な「モバイルワーク」、サテライトオフィスやテレワークセンターなどを就業場所とする「施設利用型勤務」――に3分類される。この中で特に、在宅勤務は、幼児期の子育てや家族の在宅介護を担っている女性が仕事を継続するうえで有効といえる。

ただ、テレワークを実現するには、労務管理の難しさをはじめ、情報漏《ろう》えいのリスクや上司・同僚とのコミュニケーション不足、コストがかさむなどの課題が山積している。このため、総務省の２０１５年「通信利用動向調査」によると、テレワークを「導入している」と回答した企業は16・２％にとどまり、「導入していないが、具体的に導入予定がある」（３・４％）と合わせても全体の２割弱だった。

労務管理上の問題点だけをみても、例えば対象となる社員を限定してしまうと、職場全体から不公平感を生む可能性がある。また、上司や同僚の目が行き届かないために、適正な時間管理や人事評価ができず、「怠けているのではないか」といった疑念が湧き上がることも否定できない。逆に職場とは離れた場所で１人で働き、成果を求めるあまり、働き過ぎにつながるという懸念もつきまとう。

まずは最重要課題である長時間労働の是正を実現したうえで、社員間の不公平感を軽減するため、テレワークの利用者を育児など家庭での役割を担う女性だけに限定せず、利用頻度に一定の制限は加えるにしても、全社員に適用される仕組み、労働環境を整備するなど、課題を一つひとつ解決していく必要がある。

低付加価値の仕事に就く女性たち

英国出身で日本在住の経営者、デービッド・アトキンソンは著書『新・所得倍増論』で、日本が今、潜在能力を生かせていないことを示す指標として、「先進国最下位」（厳密には主要先進7か国で最下位。OECDデータから）である生産性を挙げている。そして日本の生産性が低い主因のひとつとして、女性が付加価値の低い仕事しか任されておらず、男女間における労働の中身に格差がある点を指摘している。

「女性活躍」の推進を追い風に、企業で男性と同様に管理職に就き、チームの生産性向上にリーダーシップを発揮している女性もいるが、まだごく少数派だ。非正規労働者であれば与えられる仕事がもともと付加価値の低いものであるし、正社員であっても育児や介護のために労働時間を制限せざるを得ず、その結果、仕事の質も低下してしまうというケースが多いのが、働く女性たちの実情なのである。

第2章で、非正規雇用で働き、経済的に厳しい未婚やシングルマザーの女性たちの中には、現状をポジティブに捉えているケースが少なくないことを紹介した。が、だからといって、もしも彼女たちが貧困に陥った場合に、自己責任として片づけてしまうのは非常に危険だ。それは、自己責任を隠れ蓑《みの》に問題を個人化させてしまうことで、個人の努力ではどうにもな

図表7　男女間賃金格差（2015年）

	男性（100）に対する女性の給与水準
日　　本	72.2
アメリカ	81.1
イギリス	82.3
ドイツ	81.3
フランス※	84.5
スウェーデン	88.0
韓　　国	67.6

出所：労働政策研究・研修機構「データブック国際労働比較2017」より
※フランスは2014年値

らない、公共政策による解決が必要な社会問題に蓋《ふた》をし、より深刻化させてしまうことになるからである。非正規労働で自らが1人で家計を担っている女性たちが貧困に陥らないようにするためにも、仕事の質を高めることが不可欠なのだ。

労働の質向上で賃金格差解消へ

女性の労働の質を向上させることが、男女間における賃金格差の解消にもつながる。

男女間の賃金格差は少しずつ縮まってきてはいるものの、依然として女性の給与水準は男性の約7割（男性を100とした時に女性は73・0。このうち男女ともに正社員・正職員に絞ると女性は75・1。2016年「賃金構造基本統計調査」）にとどまっている。アメリカ（男性100に対し女性81・1）、イギリス

(同82・3)、フランス(同84・5)など先進国の中でも、日本の賃金格差の大きさが目立っている(労働政策研究・研修機構「データブック国際労働比較2017」。いずれも2015年の数値で、この年の日本は同72・2)(図表7、前ページ)。

ここで、男女間の賃金格差をめぐる政策的な歴史を簡単に整理しておきたい。日本は1967年に国際労働機関(ILO)の「同一価値の労働についての男女労働者に対する同一報酬に関する条約」(第100号条約)を批准したが、長年、その実現に向けた取り組みは停滞し、ILO条約勧告適用専門家委員会からたびたび、男女間の賃金格差を是正するようにとの「意見」を受けてきた。中でも2007年と2008年のものは、同専門家委員会から「労働基準法第4条は(略)条約の原則を十分に反映していない」として、「同一価値労働同一賃金原則の法令化の検討を希望する」というかなり厳しい内容だった。

これに対し、政府は「現文条文のままで100号条約の要請を満たしている」として法改正には慎重な姿勢を示し、厚生労働省が2003年に公表した「男女間の賃金格差解消のための賃金管理及び雇用管理改善方策に係るガイドライン」によって、「企業内における男女間の賃金格差の実態を把握し、対応策を議論すること、賃金決定基準および評価制度の明確化など公正・透明な制度を整備すること」などを進めていると回答するにとどまった。

ＩＬＯが示している「同一価値労働同一賃金」原則とは、「同一労働同一賃金」より広い概念で、異なる職種であっても労働の「価値」が同じであれば、同一の賃金水準を適用するという賃金制度だ。そもそも性別によって違う仕事に就いている「性別職務分離」から生じる男女の賃金格差を是正するためのもので、職務の内容や価値で賃金が決まる職務給制度が確立されている欧州諸国が先進的に取り組んできた。

新卒採用から定年まで長期スパンの年功序列で、総合職などコース別のキャリア形成を見据え、知識や技能、経験など職務遂行能力を基準に賃金を支払う職能給制度を長年、採用してきた日本でも、今後の雇用システムのあり方をめぐっては、雇用の流動化や多様化にも適合しやすい職務給制度に変えていくべきという意見もある。だが、産業別の労働協約によって職務ごとの賃金を決めるのが通例の欧州と日本とでは、賃金決定の仕組みが根本的に異なる。雇用・賃金制度の抜本的改革から男女間の賃金格差を是正していくという手法は、現時点では急進的過ぎるだろう。

日本における男女間の賃金格差に影響を与える主な要素として、職務内容や責任の度合いなど労働の質と、勤続年数が挙げられる。例えば、就業継続の意思があっても家庭との両立が困難で正社員職をいったん辞職し、一定期間を経て非正規で再就職したために職務の質が低下したり、スキル・経験不足や負荷のかかる働き方への懸念から、指導的地位に就くことを避けた結果、同期の管理職男性との間で責任の重さに大きな差が生じたりと、女性たちは様々な事情を抱えている。まずはそうした負の要素を取り除くことで、仕事の質を高めていくほうが現実的である。

具体的には、女性特有の「差異」の部分、つまり家庭でのケア役割を担う比重が高いということを考慮し、ケア役割の負荷を軽減するための福祉施策を国がより積極的に推進すること。さらに、労働施策としては長時間労働の是正を図ったうえで、正社員には管理職を視野に早い段階からマネージメント力などを養う経験や能力開発の機会を与え、子育てとの両立などで労働の量を減らさざるを得ない時期に仕事の質を低下させないようにし、また非正規労働者には処遇改善や正社員への転換を図るなど、企業努力が必須である。

企業は「無期転換」遵守を

２０１３年に施行された改正労働契約法で、有期労働契約である非正規労働者が同じ会社で通算５年を超えて働いた場合、本人が希望すれば無期雇用、つまり期間の定めのない無期労働契約に転換できる「無期転換ルール」が導入された。対象となるのは、施行日以降に開始、または更新した有期労働契約で、施行から５年後の２０１８年４月から無期への転換の権利が発生する。新ルールが規定するのは雇用期間の変更だけで、給与など労働条件を正社員と同一にすることは求めていない。このため、雇用期間以外の労働条件は直前の有期労働契約時のものを維持したり、限定正社員を受け皿にしたりするなど、会社によって対応は分かれるとみられる。いずれにしても非正規の労働の質と処遇の改善に向けた有効なルールであり、雇用される側は堂々と権利を主張するべきだ。

一方で、製造業などでは雇用ルールを変更し、契約終了後から再雇用までの空白期間を６か月（空白期間が６か月以上あると、それ以前の契約期間がリセットされ、通算されない）としたり、非正規労働者に権利が発生する前に雇い止めにしたりする企業も出ている。雇用する側が法令を遵守すべきことはいうまでもないが、このような有期雇用の労働者の雇用保護という法の趣旨に反した事態を避けるために、工場の閉鎖などで有期雇用労働者が担当してきた仕事が失われ、他の業務に振り替えて就業を継続してもらうことが困難な場合を除き、５年の期間の直前に雇い止めとすることができない仕組みにするべきである。

福祉政策の拡充は待ったなし

改めて、育児、介護など福祉施策の拡充は待ったなしである。安倍首相は看板政策「人づくり革命」の実現に向け、2020年度までに32万人分の保育の受け皿を整備するのをはじめ、幼児教育・保育の無償化（3～5歳児は全員、0～2歳児は住民税非課税世帯を対象）や保育士の処遇改善（2019年4月から、月額3000円相当の賃上げ）、介護人材の処遇改善（2019年10月から、介護サービス事業所の勤続年数10年以上の介護福祉士について、月額平均8万円相当の賃上げ）などを行うとしている。

2019年10月に予定する消費税率10％への引き上げに伴う増収分という主な財源の出所や、政策実現のプロセスを明示しようとする点は評価できる。しかし、幼児教育無償化よりも、待機児童の解消が先決であるという声も少なくない。仕事と子育てを両立しやすい環境を整えることは、人手不足対策や女性人材の有効活用にもつながって企業活動にプラスで、少子化対策にもなるからだ。保育の受け皿整備の規模として妥当なのか、また処遇改善策は保育士不足対策として十分なのか、なども再点検しながら、待機児童対策を最優先で進めるべきである。

さらに、特に貧困に陥る危険性の高い非正規雇用で働き、自らが1人で家計を担う独身女性たちが、働きながら同居する親を介護するには、現行の要介護者が１人暮らしでなければ訪問介護サービスの生活援助（家事援助）を保険の枠内では利用できない（同居家族が疾病や障害によって家事をできない場合などを除き）仕組みは、大きな負担となっている。要介護者に同居家族がいる場合も、生活援助を保険で受けられるようにする改革が不可欠である。

また、自分の働き方やケア能力に応じて、必要な身体介護や生活援助などのサービスを自由に選び、組み合わせることが可能な現金給付を選択肢に加えるなど、介護保険制度の抜本的な見直しも必要だ。現金給付については、ドイツのように、在宅介護に現金給付（介護手当）を導入し、現物給付（介護サービス）かいずれかを選ぶか、両者の組み合わせも可能にし、現金給付額を現物給付の限度額よりも低く設定することで給付総額の抑制につなげている先進事例もある。わが国では、家族介護の固定化や保険財政のひっ迫への懸念などから、現金給付の導入が見送られてきた経緯があるが、この10年以上、国の審議会などで現金給付に関する本格的な議論は行われていない。依然として在宅介護を希望する家族や要介護者が多いことを踏まえ、改めて現金給付を選択肢に加えることを前向きに検討するべきである。

5　「活躍」のシーンは十人十色

規範の押しつけと社会的排除

時代とともに女性の生き方が多様化してきたにもかかわらず、社会が「こうあるべき」という規範を女性たちに迫る風潮は今も変わっていない。異なるのは、規範がかつては「女性は家庭を守るべき」などと旧態依然とした固定したものだったのに対し、特にこの十数年の間にその時々で揺れ動くトレンドと化してしまっている点だ。そうした動きに対し、ライフスタイルの違いを超え、取材した女性たちのほとんどが憤りを露にした。

ある過去のトレンドとの振れ幅の大きさに戸惑い、翻弄され、今の流れに乗り切れずに懊悩する女性たちは多い。ともすると、彼女たちは他者や社会から、旬のライフスタイルを具現化できていない、規範から逸脱した女性として負の烙印を押されることになってしまう。このように女性の生き方の多様性を受け入れず、一方的に「こうあるべき」と押しつけるのは、社会的な排除の仕組みをつくり出しているに等しいのではないか。

米国の社会学者、ハワード・S・ベッカーは１９６３年に著した "Outsiders: Studies in

the Sociology of Deviance"で「ラベリング理論」を提唱し、社会集団が規制を設けて特定の人々に適用し、アウトサイダーのレッテルを貼ることによって逸脱を生み出す、と説いた。それまでの逸脱研究が逸脱者を孤立した存在と捉え、動機の解明に傾倒したのに対し、ラベリング理論は逸脱を告発された人々と、告発を行う人々・社会との相互作用に焦点を合わせ、社会問題に多元的な視点をもたらした。

この視座から、模範的な生き方を押しつけられて思い煩う女性について考察すると、他者・社会から「逸脱者」の眼差しを向けられるだけでなく、その反応・反作用として、女性たち自身が己を規範から逸脱した〝落伍者〟とみなし、すなわち逸脱的アイデンティティーが形成され、自己否定、自己喪失にまでつながっているケースが少なくない。この社会病理を決して見逃すことはできないのだ。

女性の多様性を受容できる社会へ

多様性を意味する「ダイバーシティ」という言葉が、人材活用や経営戦略の主要ワードのひとつとして使われて久しい。男性が優位に立ってきた同質的な企業文化で、女性が能力を発揮するという意味では、「女性活躍」の推進はまさにダイバーシティの流れといえる。だが、本章冒頭でも触れたように、一様ではない女性たちをひと括りにして捉えてしまっては、その本質を見誤ることになる。

女性たち一人ひとりが自らが望む道を歩み、そのライフスタイルを尊重できる社会、すなわち、女性の生き方の多様性を受容できる社会が実現してこそ、真に女性が輝く社会といえるのではないだろうか。そして、時代とともに働き方や家族形態も多様化するなか、政策形成においても、より多角的な視点が求められているのだ。

旧来の男性中心主義を打破し、女性が社会に進出して仕事で目覚ましく活動することは、重要である。しかしながら、仕事だけが、さらに管理職という指導的なポジションに就くことだけが、女性の「活躍」ではない。勤務時間や勤務地などに一定の制限を加えても、子育てや介護などケア役割に心の張り合いを感じている女性をはじめ、非正規労働という低待遇に甘んじながらも人の役に立つ仕事に働く意義を抱いたり、専業主婦として家庭に自らが輝ける場所を見つけたり……。女性の「活躍」のシーンや中身は、十人十色なのである。

まず、一方的に規範を押しつける社会の圧力に屈することなく、自己肯定感や自信を維持し、高めていくために、女性たち自身の意識改革が必要だ。女性たちが「活躍」の多様性を認識したうえで、社会からのプレッシャーや負のラベリングに押しつぶされそうになっても決して現実から逃避することなく、自身と向き合い、ありのままの自分を受け入れること。そして、異なるライフスタイルを歩んでいる女性たちと己を比較することなく、互いの違いを受け入れ、尊重し合うのである。

一方、男性側からすると、職場や家庭において女性の「活躍」が声高に叫ばれることが、プレッシャーとなっているケースは少なくない。常に職場の出世競争に参戦し、勝たなければならないという伝統的な「男らしさ」の規範意識にいまだ縛られている男性は、多数派だ。それゆえ、管理職昇進のチャンスが巡ってきたにもかかわらず、自らの意志で競争から降りる部下の女性の心情は、女性登用の推進役を任された男性幹部社員には理解し難いものだろう。また、長時間労働にも耐え、管理職ポスト獲得を目指して懸命に日々闘ってきた男たちからしてみれば、時代の潮流を追い風に自分たちを押しのけて管理職に就く女性たちは、過剰に優遇され、「逆差別」と映ってしまうのはやむを得ないのかもしれない。

家庭においても、仕事の実績を積んで出世し、妻子から敬われる夫、父親といった理想を具現化できずにもがき苦しむ男性は増えている。

そもそも、性別を問わず、個々人の生き方について社会が「こうあるべき」と縛ることなどあってはならないのだ。そうした鎖を断ち切り、男女がともに、また社会全体として、女性たちが抱える「平等」と「差異」のジレンマを乗り越えていくことが、非常に重要なのである。

女性たち自身が明日《あす》に向かい、自分のものさしで仕事や家庭生活における価値を見出し、己が人生を前を向いて歩み続けることを心から願っている。そして私は、これからも刻一刻と移りゆく彼女たちの人生と心の機微に、どこまでも寄り添っていきたい。

あとがき

「誰が選んでくれたのでもない、自分で選んで歩きだした道ですもの。間違いと知ったら自分で間違いでないようにしなくちゃ」

名女優・杉村春子さんの代表作である文学座『女の一生』の主人公、けいのこの台詞《せりふ》が、人生の荒波が押し寄せてくるたびに、己が道を突き進んでゆく力を私に与えてくれます。芝居の筋を知らなくても心に響く言葉ですが、実はこの台詞、意味深です。けいは、明治末期に身寄りがない自分を雇い、面倒を見てくれた商家の女主人に言われるがままに長男の嫁となり、やがて終戦にかけて家を取り仕切ることになります。つまり自身で歩む道を選べなかった女性が、「女になくてはならないものが欠けている」と非情な言葉を残して夫が去った後、舞台上で一人、己の不遇を決然とはねのけようとして放つ独白なのです。

長い時を隔て、現実の社会ではどうでしょうか。女性たちの多くが現在、直面しているのは、自ら選んだ人生への戸惑いや不安、憂うつなど。今の道とは異なる複数の選択肢があったために、悩みは深く、尽きないのです。そうして、「女性は子どもを産み育てながら、働き、さらに管理職に就いて活躍するべき」といった、女性の生き方をひとつの型にはめようとするかのような、社会の風潮が彼女たちの苦悩にさらに拍車をかけています。

そのようなステレオタイプ化された現代版『女の一生』が推奨されているのだとしたら、未婚で子どももいない私は大きく逸脱していることになります。自分で選んだ道と己に言い聞かせはしても、心身ともに疲れ果てた時などにふと、世間の目が気になることもあります。現実から目を背けたくなることだってあります。私自身も、生きていくうえで女ゆえの悩みを抱えているという点では、本書で紹介した女性たちと何ら変わりないのです。だからこそ、彼女たちの苦しみに寄り添わねばならないと固く決意し、今自らが持てる力を振り絞ってこの作品を仕上げました。本書が女性たちの懊悩を少しでも和らげ、彼女たちがより生きやすくなるよう、社会が改善していく一助になることを、願ってやみません。

取材にご協力いただいた方々に改めて心から御礼申し上げます。取材内容が作品として発表されるかどうか未定の段階から、私のような者を信じて付き合ってくださったこと、感謝の念に堪えません。自分で選んだ人生を思い悩み、試行錯誤しながらも懸命に突き進もうとする皆さまの姿に私自身がどれほど救われ、勇気づけられたことか。心痛や憤り、社会の矛盾を世に訴える媒介役に私を選んで良かったと思ってもらえるよう、己の使命を果たせるよう、これからも精進してまいります。

そして、本書に関心を抱き、日々の大切な時間を割いて読んでくださった読者の方々、まことにありがとうございます。すれ違う時のなかで、皆さまと本書を通じてこうしてつながれたことが、この上なくうれしいです。

最後になりましたが、光文社の廣瀬雄規さんには大変お世話になりました。また、教育・研究、社会貢献という貴重な任務を私に授け、温かく見守ってくださっている近畿大学の教職員の方々、いつもありがとうございます。常に刺激を与えてくれる学生のみんな、新年度も一緒に頑張ろうね。

２０１８年２月

奥田祥子

主要参考文献

相原孝夫『仕事ができる人はなぜモチベーションにこだわらないのか』、幻冬舎新書、幻冬舎、２０１３年。

阿部真大『搾取される若者たち』、集英社新書、集英社、２００６年。

上野千鶴子『女ぎらい――ニッポンのミソジニー』、紀伊國屋書店、２０１０年。

酒井順子『負け犬の遠吠え』、講談社、２００３年。

デービッド・アトキンソン『新・所得倍増論』、東洋経済新報社、２０１６年。

本田由紀『軋む社会　教育・仕事・若者の現在』、河出文庫、河出書房新社、２０１１年。

森ます美・浅倉むつ子編　『同一価値労働同一賃金原則の実施システム』、有斐閣、２０１０年。

山田昌弘「男女共同参画は、日本の希望（8）　増えないフルタイム共働き、減り続ける小遣い」、『共同参画』、第63号、14頁、内閣府男女共同参画局、２０１３年12月。

Becker, Howard S., "Outsiders: Studies in the Sociology of Deviance," The Free Press, 1963.（ハワード・S・ベッカー、村上直之訳『新装 アウトサイダーズ ラベリング理論とはなにか』、新泉社、１９９３年）

Connell, R.W., "Masculinities," University of California Press, 1995.

Csikszentmihalyi, Mihaly, "Beyond Boredom and Anxiety: Experiencing Flow in Work and Play," Jossey-Bass, 2000.

Holloway, Susan D., "Women and Family in Contemporary Japan," Cambridge University Press, 2010.（スーザン・D・ハロウェイ、高橋登・清水民子・瓜生淑子訳『少子化時代の「良妻賢母」 変容する現代日本の女性と家族』、新曜社、２０１４年）

Wollstonecraft, Mary, "A Vindication of the Rights of Woman," Vintage, 2015.

奥田祥子（おくだしょうこ）

京都市生まれ。ジャーナリスト、近畿大学教授（社会学）。元新聞記者。博士（政策・メディア）。ニューヨーク大学文理大学院修士課程修了。慶應義塾大学大学院政策・メディア研究科博士課程単位取得退学。男女の生きづらさ、医療・福祉、労働、家族などをテーマに、ルポルタージュや評論、学術論文を国内外で発表。『男性漂流　男たちは何におびえているか』（講談社）がベストセラーとなり、台湾や韓国でも刊行された。著書はほかに、『男という名の絶望　病としての夫・父・息子』（幻冬舎）、『男はつらいらしい』（文庫版：講談社）。20年近くにわたり、取材対象者一人ひとりに継続的なインタビューを行い、取材者総数は男女合わせて400人を超える。日本文藝家協会会員。

「女性活躍《じょせいかつやく》」に翻弄《ほんろう》される人《ひと》びと

2018年3月20日初版1刷発行
2018年11月5日　　3刷発行

著　者 ── 奥田祥子

発行者 ── 田邉浩司

装　幀 ── アラン・チャン

印刷所 ── 堀内印刷

製本所 ── ナショナル製本

発行所 ── 株式会社光文社
東京都文京区音羽1-16-6(〒112-8011)
https://www.kobunsha.com/

電　話 ── 編集部03(5395)8289　書籍販売部03(5395)8116
業務部03(5395)8125

メール ── sinsyo@kobunsha.com

© Shoko Okuda 2018　Printed in Japan　ISBN 978-4-334-04340-7

925
美術の力
表現の原点を辿る

宮下規久朗

絵画とは何か、一枚の絵を見るということは、芸術とは——。初めてのイスラエルで訪ね歩いたキリストの事蹟から、津軽の供養人形まで。美術史家による、本質を見つめ続けた全35編。

978-4-334-04331-5

926
応援される会社
熱いファンがつく仕組みづくり

新井範子　山川悟

単なる消費者ではなく能動的な「応援者」を増やすことが、生涯顧客価値を高めていく——。熱いファンによって支えられる国内外の会社の事例をもとに、「応援経済」をひもといた。

978-4-334-04332-2

927
1985年の無条件降伏
プラザ合意とバブル

岡本勉

'80年代、あれほど元気でアメリカに迫っていた日本経済が、なぜ「失われた20年」のような長期不況に陥ってしまったのか？　現代日本史の転換点を臨場感たっぷりに描く。

978-4-334-04333-9

928
老舗になる居酒屋
東京・第三世代の22軒

太田和彦

佳き酒、肴は、店主の誠実さの賜。東京に数ある居酒屋の中で、開店から10年に満たないような若い店だが、今後老舗になっていきそうな気骨のある22軒を、居酒屋の達人・太田和彦が訪ね歩く。

978-4-334-04334-6

929
患者の心がけ
早く治る人は何が違う？

酒向正春

良い医療、良い病院を見分けるには？　多くの患者さんに奇跡をもたらしてきた脳リハビリ医が語る、医療の真髄——医療の質、チーム医療、ホスピタリティ——と回復への近道。

978-4-334-04335-3

930
メルケルと右傾化するドイツ
三好範英

メルケルは世界の救世主か？ 破壊者か？ メルケルの生涯と業績をたどり、その強さの秘密と危機をもたらす構造を分析する。山本七平賞特別賞を受賞した著者による画期的な論考。

978-4-334-04336-0

931
常勝投資家が予測する日本の未来
玉川陽介

空き家問題、人工知能によってなくなる仕事、新たな基幹産業、国策バブルの着地点――。「金融経済」「情報技術」「社会システム」の観点から「2025年の日本」の姿を描き出す。

978-4-334-04337-7

932
誤解だらけの人工知能
ディープラーニングの限界と可能性
田中潤
松本健太郎

人工知能の研究開発者が語る、第3次人工知能ブームの終焉の可能性と、ディダクション（演繹法）による第4次人工知能ブームの幕開け。人工知能の未来を正しく理解できる決定版！

978-4-334-04338-4

933
社会をつくる「物語」の力
学者と作家の創造的対話
木村草太
新城カズマ

AI、宇宙探査、核戦争の恐怖…現代で起こる事象の全ては「フィクション」が先取りし、世界を変えてきた。憲法学者とSF作家が、現実と創作の関係を軸に来るべき社会を描く。

978-4-334-04339-1

934
「女性活躍」に翻弄される人びと
奥田祥子

女の生き方は時代によって左右される――。人びとの等身大の本音を十数年に及ぶ定点観測ルポで掬い上げ、「女性活躍」推進のジレンマの本質を解き明かし、解決策を考える。

978-4-334-04340-7

光文社新書

935
検証 検察庁の近現代史
倉山満

国民の生活に最も密着した権力である司法権。警察を上回る権限を持つ検察とはいかなる組織なのか。注目の憲政史家が、一つの官庁の歴史を通して日本の近現代史を描く渾身の一冊。

978-4-334-04341-4

936
最強の栄養療法「オーソモレキュラー」入門
溝口徹

がん、うつ、アレルギー、発達障害、不妊、慢性疲労…etc. 全ての不調を根本から改善し、未来の自分を変える「食事と栄養素の力」とは。日本の第一人者が自身や患者の症例を交え解説。

978-4-334-04342-1

937
住みたいまちランキングの罠
大原瞠

便利なまち、「子育てしやすい」をアピールするまち、イメージのよいまち、ランキング上位の住みたいまちは、本当に住みやすいのか？ これまでにない、まち選びの視点を提示。

978-4-334-04343-8

938
空気の検閲
大日本帝国の表現規制
辻田真佐憲

エロ・グロ・ナンセンスから日中戦争・太平洋戦争時代まで、大日本帝国期の資料を丹念に追いながら、一言では言い尽くせない、摩訶不思議な検閲の世界に迫っていく。

978-4-334-04344-5

939
藤井聡太はＡＩに勝てるか？
松本博文

コンピュータが名人を破り、今や人間を超えた。しかし藤井はじめ天才は必ず現れ、歴史を着実に塗り替えていく。奇蹟の中学生とコンピュータの進化で揺れる棋界の最前線を追う。

978-4-334-04345-2